중소기업을 위한
구매 및 자재관리

최신 자재관리

| 이영찬 · 조영석 共著 |

홍릉과학출판사

감사의 글

원고의 작성, 편집, 그리고 교정 전 과정에 참여하여 작업을 도와준 동국대학교 전자상거래학과 ERP 연구회 소속 김인건, 김종범, 오형진, 그리고 조정호 군에게 진심으로 감사드린다.

목차

Ch. 01 자재관리 일반

Ch. 02 자재소요계획(MRP)

Ch. 03 구매기능

Ch. 04 보관기능

01 자재관리 일반

CHAPTER

1.1 자재 관리의 본질

1.1.1 자재 관리의 의의

흔히 생산의 3요소(사람, 기계, 재료)로 꼽히고 있는 자재는 생산시스템에 투입되어 그것으로부터 결국 생산물인 제품으로 변형되어 나온다. 따라서 생산 대상물인 자재 없이는 생산시스템은 거의 존재할 수 없는 것이다. 이러한 중요한 요소 중의 하나인 자재관리에 대해 알아보자.

(1) 자재 관리란

자재관리란 적량·적질의 자재를 인가로 구입 내지 획득하여 이를 필요로 하는 부서에 적기에 조달토록 하는 기능을 말한다. 수행하는 업무 면에서 볼 때는 자재계획, 구매 관리, 조달, 검수, 창고 관리, 재고 관리, 폐품 및 불량품의 처리 자재의 표준화 등이 있다.

자재 관리의 기능별로 대별해서 자재계획 및 통제, 구매 관리, 창고 및 재고 관리로 나누어 볼 수 있다.

[그림 1.1]에서처럼 제조업의 경우, 자재비가 제조원가 가운데 차지하는 비중은 20% ~90%에 이르고 있으며, 보통 70%이상을 점하고 있다.

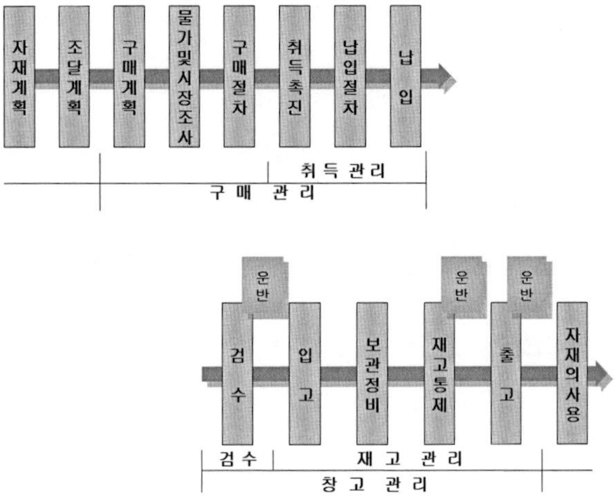

| 그림 1.1 | 자재 관리의 업무내용 및 집행순서

(2) 자재관리의 중요성

자재 관리의 본질은 생산, 건설, 서비스 및 소비와 밀접한 관계를 가지고 기업의 경영목적을 충족시키기 위한 제반 업무를 합리적으로 수행하는 것이다. 즉, 최소 경비의 계획으로 소요자재, 용역 업무를 운영함으로써 기업의 경영목적을 달성하는 것이다.

따라서 자재 관리의 중요성은 기본적 중요성과 현실적 중요성으로 나눌 수 있다. 기본적 중요성은 진리의 중요성, 품질면의 중요성, 수명의 중요성, 사회적 중요성이 있다.

기본적 중요성은 다음과 같다.

진리의 중요성	자재를 관리하는 것이므로 관리업무를 근본적으로 인식해야 한다.
품질면의 중요성	투입된 자재의 질은 결과에 영향을 미치는 것이기 때문에 아주 중요한 관계이다.
수명의 중요성	가치분석(VA/VE)과 관계가 깊다.
사회적 중요성	기업의 재고관리 재고품은 한 기업의 재고자본이 아닌 사회적인 재고 자산으로 점차 간주되고 있다.
공공적 중요성	기업의 자재 관리에 대한 모순이 타기업에까지 영향을 주게 된다는 인식을 말한다. (예: 공해발생자재의 선별)

자재관리의 현실적 측면에서 중요성을 살펴보면

- **원가의 중요성**

  자재 관리는 현실적 이익의 원천이다.

- **시간의 중요성**

  소요자재 취득의 지연이나 수입의 지연은 구매업무나 취득촉진 기술의 미비에서 나타난다.

- **양적 중요성**

  시간적 중요성과 합쳐진 현실적 문제들이다.

(3) 자재 관리의 위치와 기능

① 자재 관리의 위치 및 기본적 관리

기업 내의 일반적인 모든 관리는 노무 관리에서 시작하여 환경, 설비, 치공구, 자재, 공정, 작업, 품질, 원가 관리 등의 단계적인 관리 활동에 있다. 이 관리 단계의 중심위치에 있는 단계가 자재 관리이다.

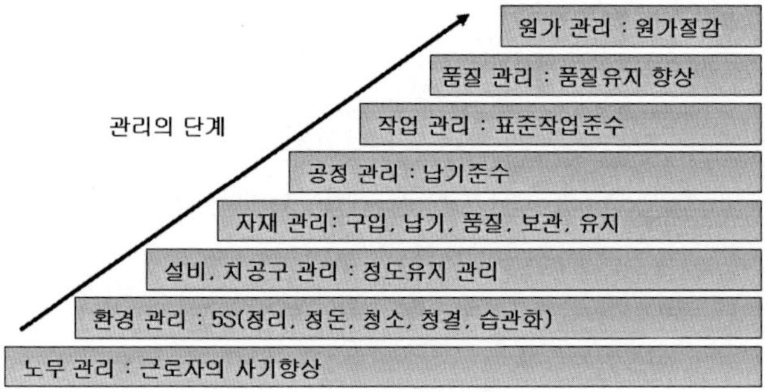

| 그림 1.2 | 관리의 단계와 자재 관리의 유지

② 자재 관리의 기능

자재 관리의 기능은 기본적 기능과 부수적 기능으로 구분한다.

- 기본적 기능(1차 관리기능)
- 품질 관리(구입품의 수입검사, 구매 시방서, 구매 시기, 우량 외주선 선정 등)
- 원가 관리(재료비의 원가 절감 방법 등의 검토) 부수적 기능(2차 관리기능)
- 재고 관리, 현품 관리, 구매활동 등

1.1.2 자재 관리의 목표

적절한 자재 관리를 위해서는 다음과 같은 세 가지 항목에 유의해야 한다.

적절한 재료계획과 구매에 의하여 자재의 유입을 합리화하고, 또한 단가를 인하시켜 전체에 자재비를 유리하게 할 것.

자재를 소중하게 여겨 그 사용효율을 높이고 소모량을 감소시킬 것.

표준저장량을 설정하고, 더욱이 상하 저축량을 결정하여 초과 투자를 억제하고 동시에 생산에 지장이 없도록 할 것.

요즈음 흔히 자재 관리의 근대화라는 말을 듣는다. 자재에 관한 계획의 고도화를 들어 경영공학적 기법을 더욱 많이, 더욱 광범위하게 도입해야 한다는 것이다. 이런 경영공학적 방법의 목표가 원가 절감에 있다는 의미가 중요시된다. 이것을 자재의 근대화에 적용하면 재료의 절감이 궁극적인 목표가 된다. 경영공학적 방법을 적용한다는 의미의 근대화를 생각한다면 이 목표의 설정과 달성을 위한 노력이 얼마나 중요한가를 우리들은 잘 알 수 있다.

1.1.3 자재 관리와 기타 관리와의 관련

(1) 기타 관리와의 관련

자재관리는 기타 각종 관리와 밀접하게 관련된다. 자재관리와의 관련을 간략하게 보기로 하자.

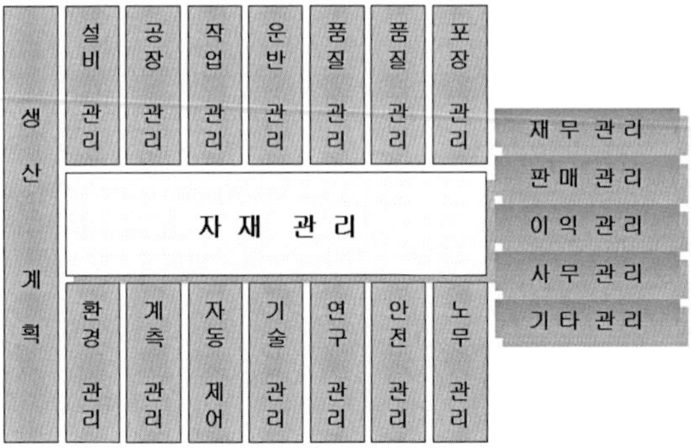

| 그림 1.3 | 자재 관리와 기타 관리와의 관련

- **생산계획 관리의 관련**

원칙적으로 자재계획은 생산계획에 순응하는 것이므로 이러한 위치부여와 관련된다.

- **설비관리와의 관련**

자재의 보관, 취급용 설비는 이 관리에 따른다.

- **공장계획과의 관련**

자재의 흐름과 레이아웃은 자재를 취급하는 자재관리에 있어서 떼어 놓을 수 없다.

- **공정관리와의 관련**

각종 공정에 자재가 충당되므로 자재공급을 잘 못하면 공정이 복잡하게 된다.

- **운반관리와의 관련**

이것은 자재관리와의 일환이기도 하다.

- **작업관리와의 관련**

작업은 물건을 중심으로 행하는 일이 많다. 따라서 자재관리는 작업관리 상황을 계속 보아 둘 필요가 있다.

- **품질 관리와의 관련**

자재의 품질이 품질관리의 근본이 되는 것이다.

- **포장 관리와의 관계**

자재와 포장은 유사한 것으로 간주하고 포장혁신은 자재취급방식도 변화시킨다.

- **환경관리와의 관련**

자재를 둘러싼 환경, 창고나 보관 장소를 둘러싼 환경 등 과학적인 방법의 도입이 요구된다.

- **계측관리와의 관련**

자재공급의 시기가 생산성에 지대한 영향을 주며 그 양적 파악이 특히 지대하다.

- **자동제어와의 관련**

  조직적인 자재관리나 자재관리의 자동화가 현재의 중요한 과제이다.

- **기술 관리와의 관련**

  자재 관리는 다분히 기술적 요소를 채용하게 되었다.

- **연구 관리와의 관련**

  매일의 진보는 자재의 혁신과 자재 관리의 혁신에 나타나고 있다.

- **안전 관리와의 관련**

  재해는 물품자체나 자재자체에서와 물품취급에서 일어난다.

- **노무 관리와의 관련**

  자재업무에 종사하는 사람들이 많기 때문에 노무 관리와 중요한 연관을 갖는다.

- **원가관리와의 관련**

  코스트는 자재비 본연의 모습에 따라 크게 반영된다. '원가절감은 자재에서'라고 말하고 있다.

- **재무 관리와의 관련**

  자금조달은 대금을 요하는 자재용 자금에 좌우된다.

- **판매관리와의 관련**

  판매의기초가 되는 것은 우수한 품질이다. 또 구매와 판매는 직접적인 상관관계에 있으므로 서로가 관련이 깊다.

- **이익관리와의 관련**

  이익도 소요자재에서 만들어 내는 것이 된다. 바야흐로 남겨진 이윤의 원천은 자재 관리에 있다고 한다.

- **사무 관리와의 관련**

  자재업무에는 많은 사무가 있다.

- **기타 각종 관리와의 관련**

  기타 대부분의 관리와 관련을 갖게 된다. 그것은 어떠한 경우에도 자재는 반드시 필요하기 때문이다.

(2) 관련의 중요성

생산·건설·서비스·소비 등은 자재를 핵심으로 하고 있으므로 여러 가지 관리에 관련되는 것은 당연하다. 따라서 그 관련의 정도와 맞물림의 정도가 문제인 것이다.

예를 들어 자재 관리가 실패하게 되면 무엇이 어떤 모양으로 파급되고 영향을 미치는지를 분명히 해두면 경영 전반의 운영에 편리하다. 자재 관리가 실패하면 우선 다음과 같은 영향을 받는다.

공정
공정에 혼란이 생겨 모든 공정에 영향을 주고 끝내는 계획데로 공전의 진척이 실시되지 않는다.

품질
소기의 계획이나 방식에 맞지 않게 된다.

작업
착오를 일으켜 작업방법이나 작업절차에 혼란이 생겨 질서 작업 관리를 할 수 없게 된다.

포장
포장이 미비하거나 포장절차가 뒤바뀌어 혼란을 초래한다.

원가
실행 예산에 있어 큰 차이가 생긴다.

판매
요구된 품질이나 수량, 가격에 만족감을 줄 수 없게 된다.

이익
이익에 있어서 예정이익을 확보할 수 없게 된다.

안전
계속 불안전한 작업의 연속이 될 우려가 생긴다.

1.2 자재 관리에 관한 제반사항

1.2.1 인적 문제

자재 관리에 있어서 처음에는 그늘에 가려진 업무였기에 당시 이 부문에 종사하는 사람은 별 볼일이 없다는 생각을 하고 있었다. 그 사고의 맥이 아직까지도 계속되고 있는 곳이 있어 인적문제에 계속 고민이 있다. 그 대표적인 것들에 대해서 알아보자.

(1) 사무계와 기술계의 인적 문제

자재 관리는 처음에는 사무 처리의 요소가 많았기 때문에 사무직 사람이 담당하고 있었다. 그것이 지금에 와서는 사무 처리와 더불어 현물의 처리를 행하도록 되어 있어 차츰 공학적 요소나 기술적 요소를 편입하게 되었기 때문에 기술계 사람도 참가하게 되었다. 그러나 기술계 인력에서 적재의 사람을 구할 수 없는 현상이 난관으로 되어 있다.

(2) 자질 문제

자재 관리 중에는 구매나 외주가 있어 다른 기업 사람과 접촉하는 경우가 많으므로 내부와 외부와의 대인관계가 많아진다. 따라서 소위 대인관계가 원만한 사람이 요구된다.

자재 관리의 인력으로서 다음과 같은 자질이 요구된다.

- 상대방의 숨어있는 정보를 파악할 줄 아는 감각적인 사람
- 예민하지 않고 성격적으로 유화성이 풍부한 사람
- 인내와 근면성실한 사람

결과적으로 이런 적당한 사람을 찾든지 양성하든지 해야 한다. 이것은 어려운 일이지만 이런 인적 문제는 어느 때에나 필요한 사항들이다.

(3) 윤리 문제

본래 구매업무나 외주 업무는 공존공영의 기반에 서있는 것이고 서로 이익을 주고받음이 있어야 한다. 그것이 자사에 충실함에 있지 않고 왜곡된 생각에서 상대방을 괴롭히게 된다.

이 윤리문제에는 금품수수·접대 등 유혹에 빠지게 되는 여러 가지도 있다. 그 점에 대하여 규정을 해두는 것이 필요하다.

(4) 순환 문제

이것은 직장이동을 말하는 것인데 예를 들어 구매 담당직 기간에 3년이 좋은지 5년이 좋을지, 혹은 전문가를 육성하기 위해서 10년간이 좋을지, 이런 것은 기업 성격에 따라 어느 쪽이 좋다고 말할 수 없는 점이다. 어떻든 간에 이러한 순환보직에 대해 신중히 생각해야 한다.

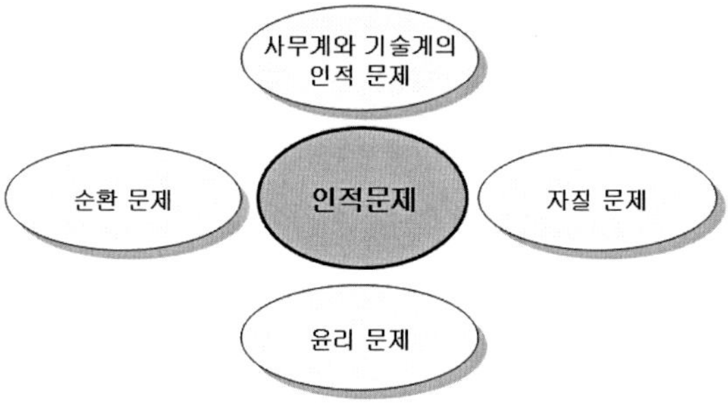

| 그림 1.4 | 자재 관리의 인적문제

1.2.2 물적 문제

(1) 물량 문제

국가 간의 문제 그리고 경기와 물가. 물량사이에는 미묘한 관련이 있어서 시류를 확인하지 못하면 균형 잃은 자재 관리가 되고 만다.

경기가 하강할 때 재고량이 감소되는 경향이 있는데 그것이 좋은지 어떤지 미묘한 문제가 발생한다. 경기가 상승하면 재고량을 증사시켜 나가는 경향이 있는데 하강의 저변에서부터 경기 상승으로 향하기 시작하면 각 기업이 경쟁적으로 재고를 확보하게 되므로 재고량을 감소시키지 않도록 하면 다소의 여유가 있기 때문에 이런 경우에 이득이 된다는 견해도 있기 때문이다.

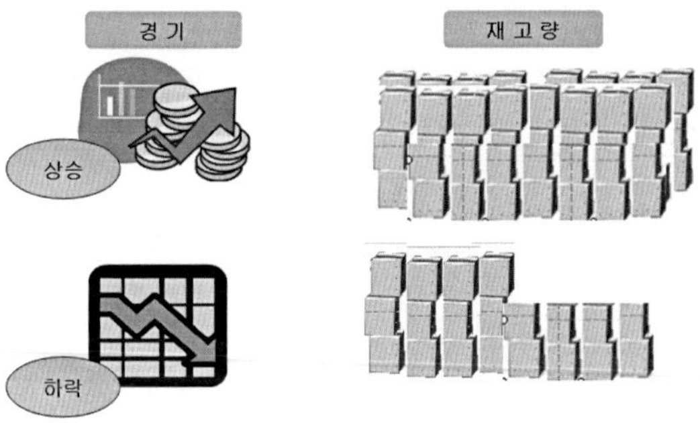

(2) 수명과 품질 문제

자재 그 자체의 수명이나 제품·상품으로 되었을 때의 수명 등 그 용도에 알맞은 정확한 내용연수가 문제된다.

자재의 수명은 긴 편이 좋으나 제품이나 상품마다에 대응한 적정한 수명이 좋은 경우가 더 많다.

그러나 제품의 혁신성이 있을 경우 자사의 동일제품 보다 좋은 물건이 수시로 개발되는데 그 재고가 남아 있어 비능률적인 고물을 버리지 못하고 채용하는 어리석은 일이 생긴다. 이런 경우에 그 비능률성이 찾아올 시점을 주시하고 혁신에 대응한 수명의 적절한 판단이 요구된다.

이에 따라 품질 문제가 대두된다. 어느 경우에 상품의 질이 요구 되는지 저품질의 것이라도 좋은지 판단 명확히 해야 되는 경우가 있다.

일반적인 경향으로서 확실히 라고는 말할 수 없지만 상품의 질이 좋은 것은 말 할 것도 없다. 그러나 용도에 적응한 품질이 좋을 경우도 있다는 것을 알아 두어야 한다.

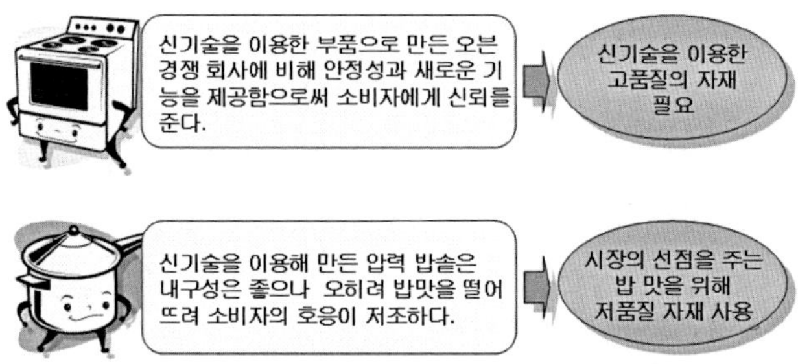

| 그림 1.5 | 제품에 대한 자재의 품질 적절성 여부

(3) 자재의 혁신성 문제

앞의 수명과 품질에 문제를 생각하다보면 즉시 또 다른 문제가 되는 것이 사용자재에 혁신성이 있는지 없는지 하는 것이다. 여기에는 두 가지 견해가 있다.

- 자재 그 자체에서 발생하는 혁신성

이것은 자재가 수 년 안에 바뀔 가능성이 있으므로 그 자재도 수시로 개발되기 때문에 지금의 것을 언제까지나 고집하고만 있다가는 경쟁기업에 밀리게 된다는 것을 염두해 두어야 한다.

- **외적으로 요구되는 혁신성**

  당해 자재가 아직도 전부 혁신되지 않았는데도 수요상대방의 요청에 의해 할 수 없이 혁신을 하지 않을 수 없게 되는 경우이다.

자재의 혁신성은 기술적인 요인과 경제적인 판정도 필요하며 수요의 만족성도 차이가 나고 더 나아가 사회에의 공급책임도 있으므로 자사 마음대로 결정할 수 없다는 대단히 어려운 경우가 발생한다.

따라서 혁신에 대해 항상 예의주시 하고 있어야 한다.

(4) 기업의 운영이념과 생산상의 합치성

기업으로서는 비싼(고급) 자재를 사용하고 싶지만 생산하는 입장에서는 그 자재는 비싸서 사용하기 어렵다는 문제가 있다. 이것은 이윤을 추구하는 입장과 기술적인 견해를 존중하는 입장과의 물적인 입장에서 상치될 때의 일이다.

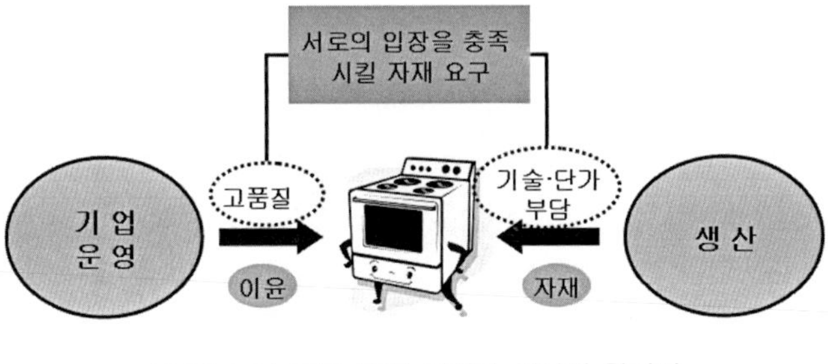

| 그림 1.6 | 기업 운영 이념과 생산의 합치성

우리의 입장으로는 언제나 기업운영과 생산입장의 합치성을 충족시킬 자재이기를 바랄뿐이다.

이것이 어느 때나 합치되지 않는다는 문제 때문에 자재를 다루다 보면 보이지 않는 물적 문제의 하나로서 숙제로 남게 된다.

1.2.3 자금적 문제

(1) 소요자재를 구매하는 자금 문제

자재용의 자금은 막대한 것이 보통이다. 월 1억 원 정도를 생산하면 7000만원이라는 자금이 필요하게 된다.

이런 확실한 사실이 의외로 표면화되지 않고 있다. 그러한 까닭은 경영주나 자금면의 당사자 한 사람만이 자금문제로 고심하기 때문이다. 따라서 회사 내 전 종사원에게 철저히 현실을 주지시키고 자재와 구매에 필요로 하는 자금 문제를 크게 부각 시킬 필요가 있다.

(2) 자금효율의 문제

자금효율은 보통 경리 부문이나 해당 부문에서만 신경을 쓰게 되기 쉽기에 이와 같은 별도의 어려운 문제가 발생하는 것이다. 따라서 자재 관리 부문에서도 이 자금 효율에 대해서는 적정하게 대응해야 한다. 그것을 위해서는 자금효율의 산정방식이나 판정항목 등에 정의를 부여하여 원칙을 정해둔다. 그 작성은 경리 부문이나 재무부문, 감사부문에 의뢰하면 좋을 것이다.

일반적으로 기업 내에서 자금을 제일 많이 사용하는 자재관리 부문에 있어서는 자금효율의 척도를 항상 염두해 두고 자재계획 시, 구매 시 혹은 외주 발주 시와 대금지불시마다 신경을 쓰고 있어야 할 문제이다.

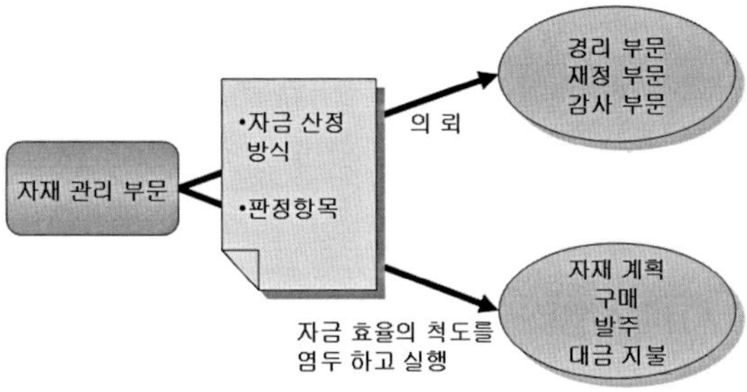

| 그림 1.7 | 자금 효율을 위한 자재 부문의 노력

(3) 금리(이자)문제

이것은 일반적으로 금융기관으로 부터의 차입금에 대한 지급금리가 대상이 된다. 자재 관리 부문 관계에 있어서는 사내 금리제도를 수립하여 은행금리보다 훨씬 높은 시중금리를 적용하면 자금 사용 시에 높은 금리를 생각하고 업무를 수행함으로 자금을 능숙하게 사용하게 되어 자금 효율도 좋게 되고 자금 조달에도 크게 공헌 하게 된다.

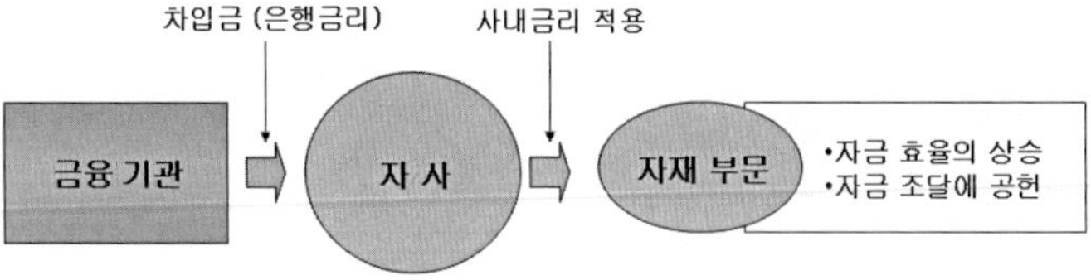

| 그림 1.8 | 사내 금리의 적용

1.2.4 일반 운영상의 문제

(1) 자재의 재생과 활용문제

불용의 자재를 재생, 활용하는 것이야 말로 자재 관리의 중요한 목적이지만 이것은 실행이 쉽지 않다. 자재를 재생하는 일과 활용하는 일의 중요성은 우리 모두 잘 알고 있으나 그 실행방법에 미숙해서 착수하기가 쉽지 않은 것이다. 그 이유는 실행방침의 번거로움과 의외로 결정적인 대안이 없기 때문이다. 이 문제 또한 차분하게 착수해야 한다.

(2) 성(省)자재 문제

앞의 재생과 활용의 문제와 더불어 자재의 사용량을 생략한다는 성자재 방침은 일반 운영상의 문제로 이제까지 겨우 유지되어 왔으나 이것은 일시적인 문제로 끝나서는 안 된다. 이 성자재는 앞에서 말한 양의 문제만이 아니라 질적 문제와 금액적 문제도 영향을 미치게 된다.

양을 감소하는 동시에 품질도 적정한 질로 하고 구매금액도 절감한다. 그리고 자재 관리 부문에 관계되는 재경비까지 절감시켜 나간다.

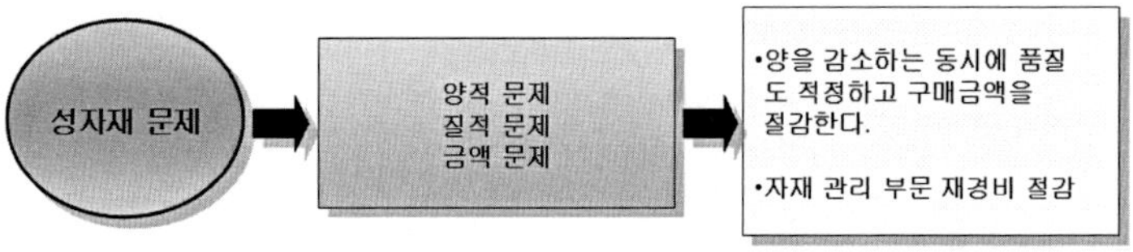

| 그림 1.9 | 성자재 문제

(3) 원가 문제

어느 시대에나 비용은 중요시 되어 왔다. 특히 원가를 구성하는 요소에 있어서 그 대부분을 차지하는 자재에 기인하는 원가는 중요하며 이것에 대하여 비용 매니지먼트 혹은 비용 엔지니어링이라고 하는 면에서 공략해야 한다.

(4) 시간적 감각의 문제

자재를 필요로 하고 실제로 사용하며 그 때문에 자재를 취득하다는 각 업무에는 모두 시간적 문제가 연관되어 있다. 요컨대 필요로 하는 시기와 사용하는 시기 및 구매하고 취득하는 시기가 시간이라는 현실 면에서 구분되어 그곳에 시간부족이니, 시간과다니 하는 문제가 발생된다.

그러나 적정한 시간을 파악하기란 매우 어렵다. 따라서 시간적 감각을 자재 관리의 국면에 있어서 차츰 몸에 익혀야 한다. 시간을 소중히 해야 한다는 것이다.

| 그림 1.10 | 시간적 감각의 문제

(5) 물적 유통과의 관련 문제

외부로부터의 자재 입수는 기업 사이에 반드시 물적 유통, 즉 물건의 흐름이 생긴다. 이것의 합리성을 잘 파악하고 접근하지 않으면 물적 유통에 요하는 시간이 시작에서부터 뜻밖의 문제가 발생하여 물적 유통에 요하는 유통비용으로 인하여 비용이 증가된다.

따라서 기업 간을 연결하는 물적 흐름을 일관하여 포착해서 기업 상호간에 서로 유리하도록 해야 한다.

(6) 인간성 존중과 이윤추구의 문제

이 문제는 자칫하면 상극현상을 일으킨다.

이윤추구를 손쉽게 하면 인간성을 무시하는 것이 된다. 그렇다고 해서 오로지 인간성만을 추구하면 이윤추구를 할 수 없게 된다. 따라서 이런 불편을 없애고 양자가 병립되도록 도모해야 한다. 그것은 세련된 과학적인 관리방법을 학습하여 도입하면 가능하다.

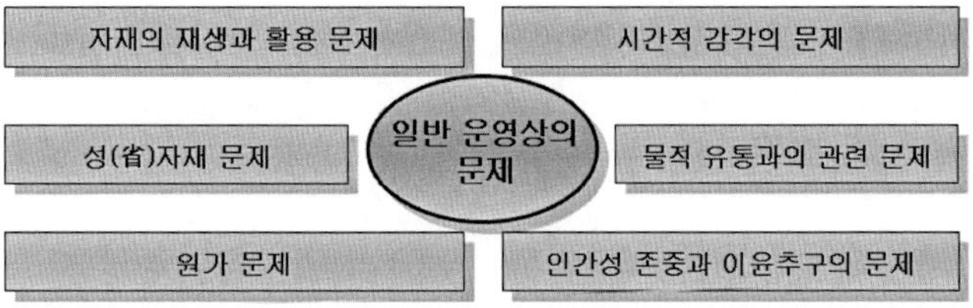

| 그림 1.11 | 일반 운영상의 문제점

1.3 자재 관리의 전개

앞서 말했듯이 자재 관리는 처음에는 재료관리로 출발하여 그것이 오늘날의 모습으로 전개 되어 온 것이다.

그 전개를 살펴보면 먼저 단순한 자재 관리로 진척이 되어 종합자재 관리를 취하게 되고 이어서 자재관리시스템으로 되었고, 그 후 시스템 자재 관리로 변모되어 왔다. 그리고 현재는 다양한 변화가 진정되고 있다.

여기서는 자재 관리의 변모를 참고적으로 살펴보자.

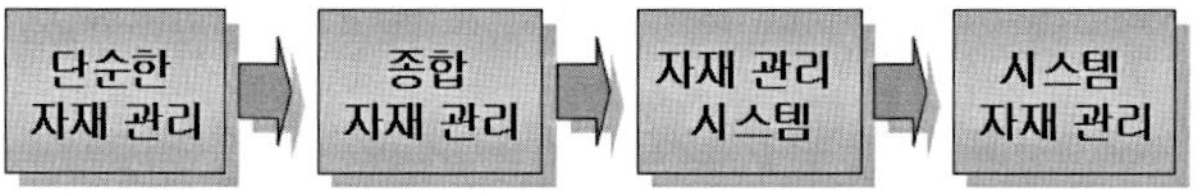

1.3.1 단순한 자재 관리

시초부터 자재 관리의 시작은 그 내용 과목이 각각 분산되어 존재하였다.

자재 관리 과목에는 자재계획, 재고 관리, 구매 관리, 외주관리, 창고관리, 운반관리, 유통관리, 가치공학의 7과목으로 정립할 수 있다. 이런 것들이 제각기 약간의 관련성을 지으며 실질적으로는 각기 독립된 형태의 모습으로 자재 관리로의 기능을 발전시켜 온 것이다.

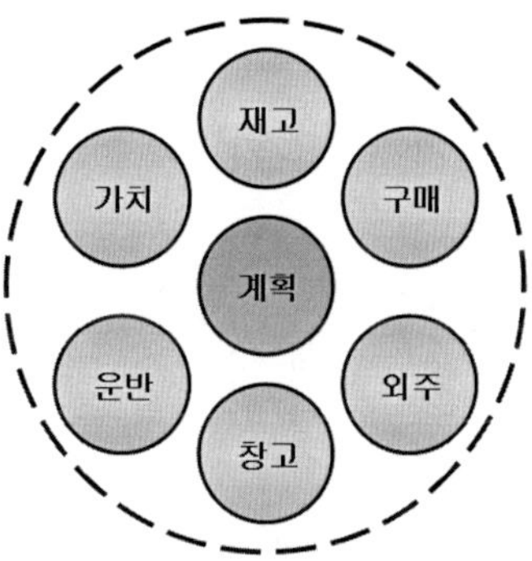

| 그림 1.12 | 단순한 자재관리의 모습

1.3.2 종합 자재 관리

단순한 자재 관리의 모습으로는 각 과목에 있어서 연결성이 없고 그리고 자재 관리로서의 종합성이 결여됨으로써 상호 연관을 취하면서 자재 관리를 둘러싼 전후 사실적 관계와도 다시 연관을 지은 종합 자재 관리가 되었다.

이 종합성이 기업경영에 있어 자재 관리의 위상을 높여왔다고 말할 수 있다.

자재 관리를 종합적으로 관리하는데 따라 인식되어 그 중요성이 보다 확인된 것이다.

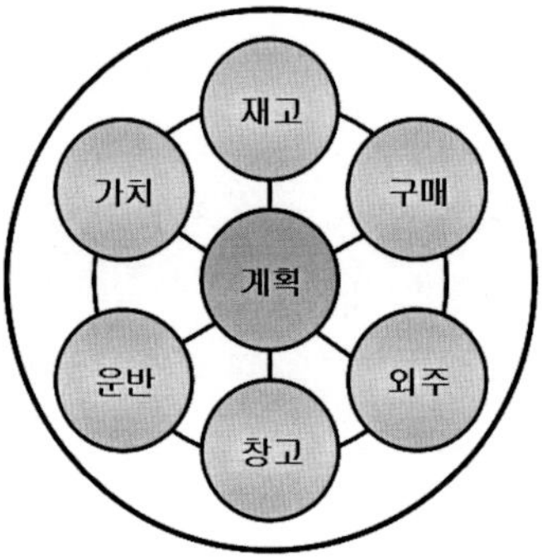

| 그림 1.13 | 종합 자재 관리의 모습

1.3.3 자재 관리 시스템

시스템공학이 번창하는데 편승하여 자재 관리 면에서도 그것을 도입하여 자재 관리 내의 정리된 시스템으로서 체계를 굳혀 오게 된 것이다.

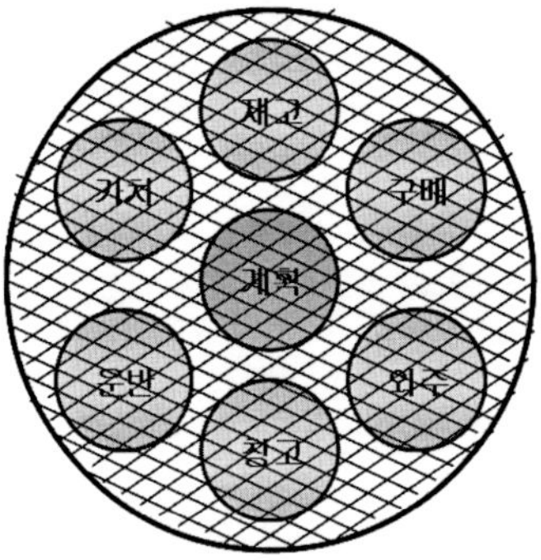

| 그림 1.14 | 자재 관리 시스템의 모습

1.3.4 시스템 자재 관리

오늘날 우리나라 전체의 사회구조가 시스템화 시대로 변모되고 있다. 그 시스템 속에 있는 자재 관리로서 자재 관리가 탄생되고 보급되기 시작하였다. 다시 말하면 우리나라 전체의 산업구조 중에는 여러 복잡한 관리가 있으면 제각기 그 나름대로 관리 또한 시스템화 되고 있다는 것이다.

그리고 그런 것들이 산업구조 속에서 네트워크를 조직 하고 있다. 다른 외부 관리시스템과 지속적인 상호 관련을 가지고 있고 그 관리와 결합되어 일관된 시스템 자재 관리로서 전개되기 시작하였다.

이와 같은 운영을 하는 기업이 이제 제법 상당수로 늘고 있고 사회구조나 산업구조 속에서 중요한 위치를 차지하는 기업에서는 벌써부터 이러한 경향을 추진해 나가고 있다. 결국 시스템에 오른 각 국가별 자재관리로 모되어 간다는 경향이다.

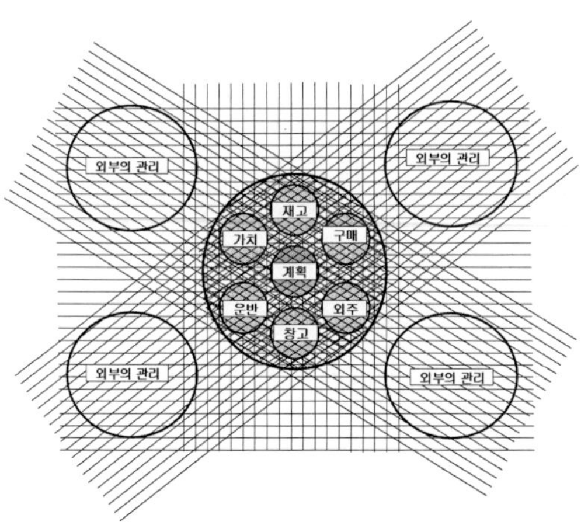

| 그림 1.15 | 시스템 자재 관리의 모습

1.4 자재 계획

자재계획은 자재 관리의 시발로서 생산계획에 따른 자재 소비량의 산출, 자재구매량의 결정 및 주요자재의 처분계획에 이르기까지의 일련의 계획을 말하며 여기서는 자재계획방침의 수입, 자재계획의 제요인 및 원단위 선정, 사용계획, 재고계획, 구매계획 등을 모함하고 있는 자재계획의 단계에 대해 알아보자.

1.4.1 자재계획 방침의 수립

자재계획 방침의 수립은 원재료, 반제품 및 제품(완성품)에 대하여 수립할 필요가 있다.

(1) 원재료

생산방식이 주문생산, 계획생산 및 저장생산 등 어느 경우이건 원재료에 대해서는 공통적으로 사용빈도가 높기 때문에 자재분류 중 '준비방법에 의한 분류'의 기준에 의하여 일정한 수준의 상비자재를 가지는 것이 좋다.

① 창고상비자재

- 각 제품에 공통적으로 사용되는 것
- 사용빈도가 높은 것
- 사용량이 비교적 많은 것
- 규격과 시방이 일정한 것
- 단계적으로 사용되는 것
- 어느 정조 대량구매 또는 제작하는 것이 유리한 것
- 단납기 제품의 자재로서 미리 제작 또는 구매하여 상비하

지 않으면 납기에 맞추기가 어려운 것.
- 금액이 비교적 적고 사무, 관리상 손이 많이 가는 것

② **분창고상비자재**(Bench stock item)

공장 또는 사무소의 규모가 커지면 거리적으로나 출고업무의 신속화에 따라서 자재부문의 창고가 되고 각 생산부문에도 필요자재를 일부 상비하여 분창고적 관리를 행할 필요가 있을 때의 자재를 말한다.

③ **비상비자재**

요구에 따라 제작 또는 구매하는 자재로서 사용목적이 결정되어 있는 자재를 말한다.

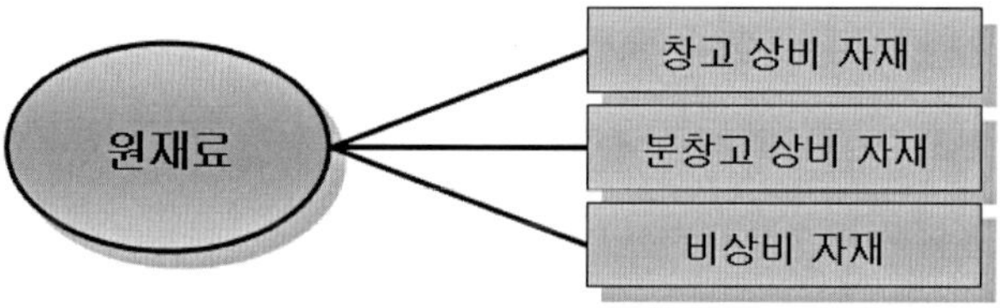

| 그림 1.16 | 원재료의 상비 자재 분류

(2) 반제품

생산방식에 구애됨이 없이 제품 혹은 완성품을 분해하여 공통적으로 사용빈도가 높고 품질이 안정되어 있는 반제품은 '준비방법에 의한 분류'의 기준에 의하여 일정량을 상비하고 그 외의 것은 상비치 않는 쪽이 좋다.

(3) 제품(완성제품)

제품 또는 완성품에 사용되는 원재료나 반제품은 일반적으로

공통으로 사용할 수 있으나 제품이나 완성품이 되면 융통성이 결여되고 상당한 투자 금액을 요하기 때문에 상비치 않는 것이 좋다.

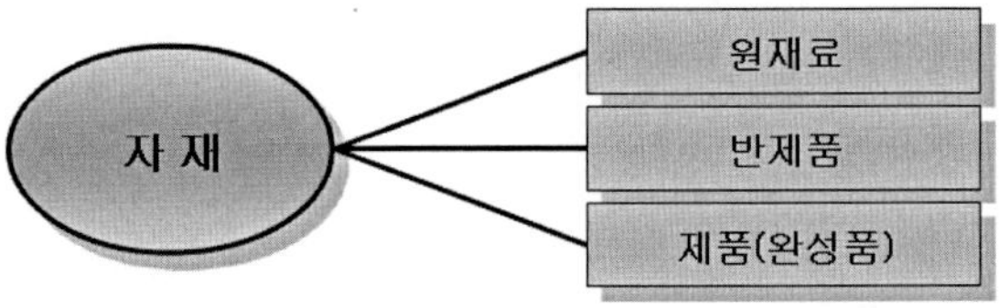

| 그림 1.17 | 자재의 종류

1.4.2 자재 분류

우리나라 기업 내에서 취급하는 자재품은 계속 증가하고 있다. 취급품목이 증가하는 근본적인 요인을 정비하여 품목증가를 막는 데 꾸준히 노력을 해야 하며 이를 위하여 바람직한 자재 분류제도를 확립하고 자재사용의 비효율과 시장문제와도 관련되어 ABC분석을 행할 필요가 있다.

- **ABC 분석**

구입품을 구입금액이나 구입량 등이 큰 순서대로 열거하여 ABC 세 종류로 구분하고 분석하는 것을 ABC 분석이라고 한다.

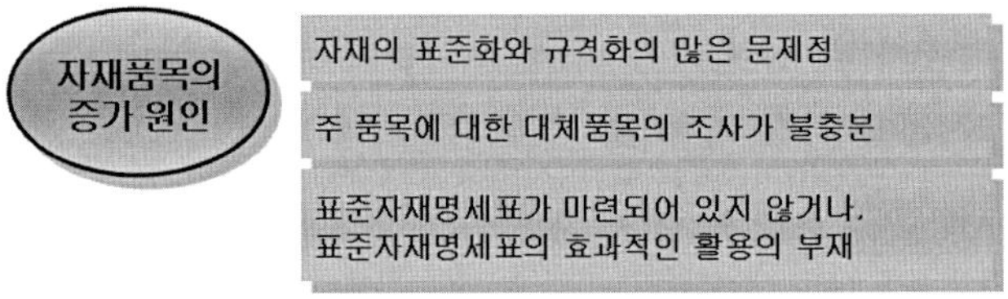

| 그림 1.18 | 자재 품목의 증가 원인

(1) 자제 분류제도의 확립과 활용

① 자재 분류의 필요성

자재는 포괄적인 뜻을 가지고 있으며 이를 구조적으로 분석하면 완제품, 반제품, 부분품 및 소재로 나눌 수 있다.

하지만 자재는 각기 다른 개개의 자재로 구성되어 있기 때문에 한 묶음으로 묶어서 관리 한다는 것은 대단히 비합리적이다. 따라서 더 간편하고 효과적으로 관리하기 위해서는 그 많은 종류의 자재를 합리적인 기준을 설정하여 취급자재를 몇 가지 종류로 분류하여 기업의 성격과 실정에 알맞은 임의의 약속된 부호로 기록화 할 필요가 있다.

② 자재 분류의 체계

자재 분류의 체계는 국가적 표준화와 사내 표준화로 구성되어야 한다.

- 국가적 표준화

국가적 표준화는 국제적 표준의 기초가 되는 것으로서 다음과 같은 이점이 있다.

- 재료준비의 간소화, 전용기계의 사용화, 치공구류의 단순화 등이 실시된다.
- 자재의 절감, 품질의 향상, 생산원가의 절감, 납기의 신속화가 이루어진다.
- 재료의 호환 활용으로 인해 부분품의 상호이관활용이 쉬워지고, 신속해 질뿐더러 기계의 가동중단으로 인한 제비용의 절감이 가능해진다.
- 배급면에 있어서도 상품의 포장 또는 그 취급이 단순화되고 수송력, 저장력이 증가되며 또한 서비스의 개선이 가

능해진다.

- **사내 표준화**

사내표준화의 기초적인 사내규격은 국가적 표준화의 기초인 국가규격을 정하는 가장 기초적이고 귀중한 재료가 되는 것이다.

이러한 사내 표준화는 기업을 경영해 나감에 있어서 상당히 중요한 역할을 하고 있다. 즉, 기업 목적을 위한 경영방침이 있다. 경영방침에는 제품품목, 생산원가, 생산량 및 납기 등에 대한 요구가 표시될 것이나 제품 담당자로서의 명확한 방침이 표시되지 않으면 계약은 성립 될 수 없다.

따라서 생산에 있어서 상품을 제조하기 위해 세워진 품목표시는 누구나가 이를 이해 할 수 있고 자재지원담당자는 이를 신속히 지원할 수 있는 통일된 기준의 설정이 바로 표준화 또는 자재 분류의 목적인 것이다.

③ 자재 분류의 원칙

자재 분류제도의 개선을 위해서는 다음과 같은 네 가지 원칙을 준수할 필요가 있다.

- **점진성**

상품은 점점 다양화되기 마련이다. 다양화된 상품의 제조에 투입되는 자재도 필연적으로 다양화되며 오늘의 활용품목이 내일은 폐기품목으로 전락하는 경우도 허다하다.

따라서 자재는 기존분류에서 삽입과 폐기를 하지 않으면 안되기 때문에 자재 분류의 범위는 언제나 가감한 융통성을 지녀야 한다. 그렇지 못하면 기존분류의 체계를 근본적으로 개편해야 되고 이로 인해 업무의 혼란을 일으켜 자재의 청구,

출고, 검수, 사용을 위한 원활한 의사소통을 저해하게 된다.

• **포괄성**

자재 분류를 행한 후에 분류에 포함되지 않는 품목이 없도록 취급품목을 하나도 빠짐없이 포괄 시킬 수 있는 분류 기준을 만들어야 한다.

또 당면한 현재의 취급품목의 범위를 넘어서 후일에 있을 수 있는 품목이 발생되더라고 기존 분류 체계에 영향을 주지 않고 능히 포괄할 수 있는 범위를 고려해야 한다.

• **상호 배제성**

한 자재의 분류항목이 둘이 되어서는 안 된다.

만일 한 품목이 두 가지 분류 항목에 해당될 때에는 당초의 분류지침에 결함이 있었거나 분류방법 그 자체에 모순이 있었거나 그렇지 않으면 분류 판단에 잘못이 있었을 것이다.

그러나 보다 결정적인 원인은 자재의 명칭 또는 규격 및 자재의 혼동에서 일어나는 경우가 더 많은 비중을 차지하고 있다는 사실을 명심해야 한다.

• **용이성**

자재 분류는 현장, 창고, 생산부문, 판매부문 할 것 없이 전체적으로 적용되기 때문에 될 수 있는 대로 간편하고 기억하기 쉬운 것이라야 한다. 욕심을 내거나 권위의식에 사로잡혀 여러 자료를 일시에 포함시키려는 경향이 있으면 표식의 자리수의 복잡성으로 인해 실제로 활용되지 못하는 경우도 허다하다.

자재 분류 번호를 부여할 때 가능하면 누구에게나 쉽고 간단하게 만들어야 한다.

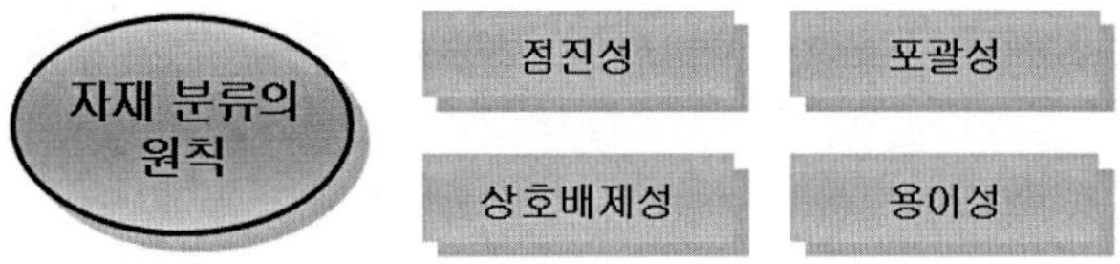

| 그림 1.19 | 자재 분류의 원칙

(2) 자재 분류의 방법

자재 분류의 방법에는 여러 가지가 있겠으나 여기서는 10가지로 분류해 보기로 하자.

① 행정관리 목적상의 분류

- **가격분류 1**

이 분류에서 속하는 자재를 일명 고가품목이라고도 하며 단가가 높고 일정기간의 소비규모가 크거나 또는 그 취급에 많은 문제점을 내포하고 있는 지원에로품목 또는 기술상이나 재무상으로 보아 그 제작에 장시간을 요하는 자재로서 특별한 관심을 돌려야 할 자재들이 이에 포함된다.

따라서 이 부류의 자재는 전체재고 투자액 중 품목수로는 전체의 5%내외지만, 금액상으로는 70~80 %의 비중을 차지하고 있다.

- **가격분류 2**

고액품목에 속하지 않는 품목으로서 회사 내에서 꼭 수리해서 사용할 자재 또는 품목 등이 이에 포함된다.

- **가격분류3**

저가격품목이라고도 하며 대부분이 소모성 자재로서 일절 수리를 필요로 하지 않는 자재가 이 부류에 포함된다.

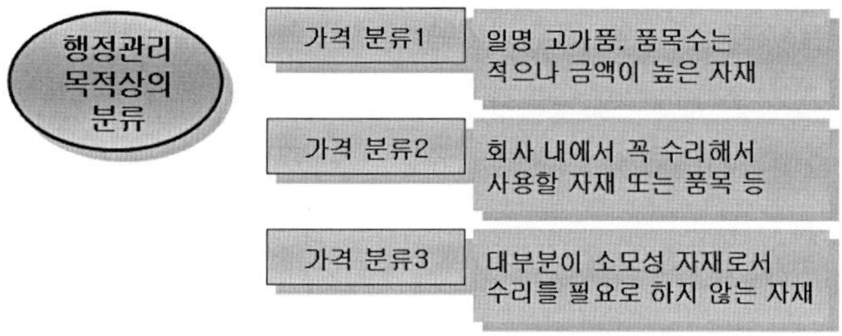

| 그림 1.20 | 행정 관리 목적상의 분류

② 규격에 의한 분류

- 표준품목

사내의 공정 규격에 가장 적합하고 사용빈도가 가장 높은 품목으로서 이 자재는 언제나 어떠한 종류의 제품에도 사용가능한 자재를 말하며 원칙적으로 표준품목에 한하여 생산 조달 또는 지원되어야 한다.

- 잠정표준품목

시험 또는 신개발장비에 사용되는 자재로서 사용경험결과 표준품목으로 설정할 때까지 충분한 기간을 두고 생산되는 제한된 수량의 품목을 말한다.

- 대체허용품목

표준품목에 비해 만족할 수는 없으나 표준품목의 조달이 일시적으로 불가능할 때 대체사용이 가능한 품목을 말한다.

그러나 이 품목의 성질과 경제성이 표준품목과 거의 같다고 확정할 때에는 자동적으로 표준품목의 부류에 포함시켜야 할 것이다.

• 제한표준품목

표준품목이나 대체허용품목에 비하여 만족스럽지는 못하나 대체사용이 가능한 품목으로서 이미 보유하고 있는 재고가 없어질 때까지 사용하는 것을 원칙으로 하고 있다.

이는 회사의 여러 가지 사정에 의하여 구형이긴 하지만 보유 장비의 가동을 유지하기 위한 부품만을 구입함을 원칙으로 한다.

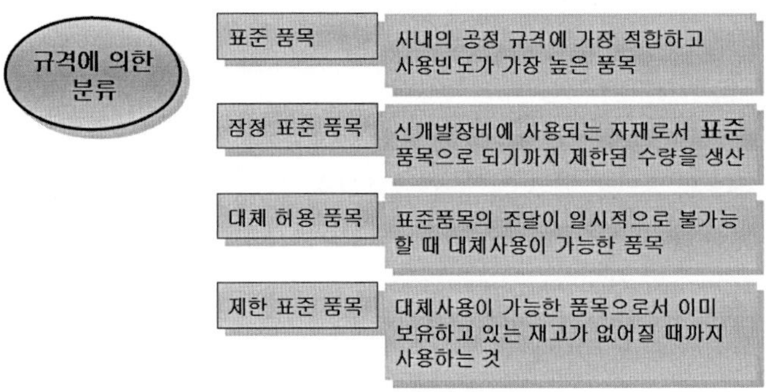

| 그림 1.21 | 규격에 의한 분류

③ 정비구분상의 분류

• 소모성자재

• 비소모성자재

이 분류는 정비 또는 수리의 대상 또는 비대상 품목임을 식별하는 기준으로 사용한다. 그러나 비소모성 자재(품목)라 할지라도 꼭 정비 또는 수리의 대상이 될 수 없는 것도 있다. 따라서 이는 오히려 자체의 수리능력을 판단하여 수리능력의 정도를 표시 분류하는 것이 가장 현실적이다.

④ **계정책임상의 분류**

- **회수성자재**
- **비회수성자재**

이 분류는 자재가 현실적이고 경제적인 통제라는 관점에서 그 자재가 지니는 성격은 물론 특성, 용도 및 공정을 고려하여 분류하는 것이 보다 합리적일 것이다.

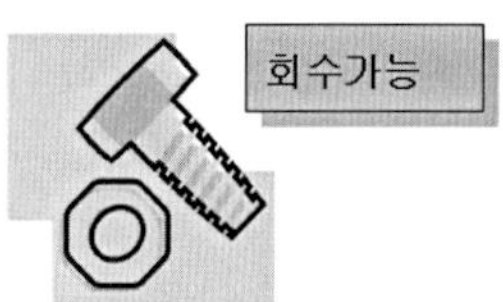

예를 들어 볼트나 너트는 성격 면에서는 비소모성 자재로서 형태는 변할지라도 회수 후에 최소한의 가치를 회수할 가능성이 있기에 회수성 자재 같지만, 용도상으로 보아 조립용으로 제품의 일부분을 구성하기 때문에 회수가 불가능한 것이다. 따라서 자재의 성격에만 의존하여 판단하지 말고 용도까지 감안하여 판단하는 것이 좋다.

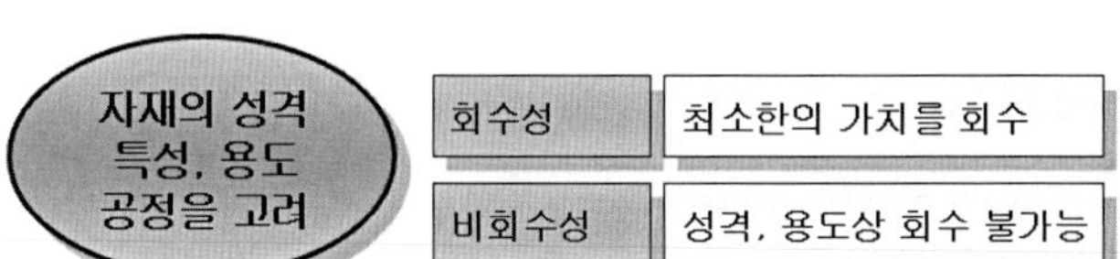

⑤ 기능상의 분류

- 주요자재
- 보조자재

주요 자재는 제조하는 물품의 실체를 구성하는데 사용하는 자재를 말하고 보조자재는 제조과정에서 소모되거나 실체구성상 사용되기는 하지만 보조적인 역할을 담당하는 것을 말한다.

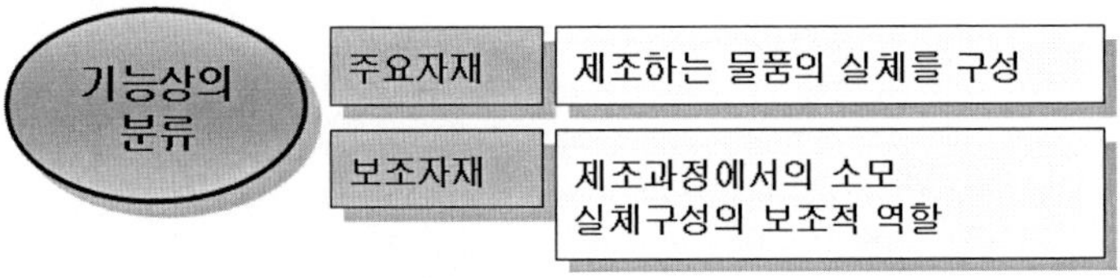

⑥ 원가 계산상의 분류

- 직접자재

직접자재란 원가담당자가 사용된 자재의 수량과 금액을 직접적으로 파악할 수 있는 것으로서 직접자재비계산이 가능한 것을 말한다.

- 간접자재

원가담당자가 사용수량과 금액을 명확하게 그 한계를 설정하기 곤란하거나 극히 모호하기 때문에 일단 간접비로 계산 후 일정한 기준을 세워서 배분하는 것을 말한다.

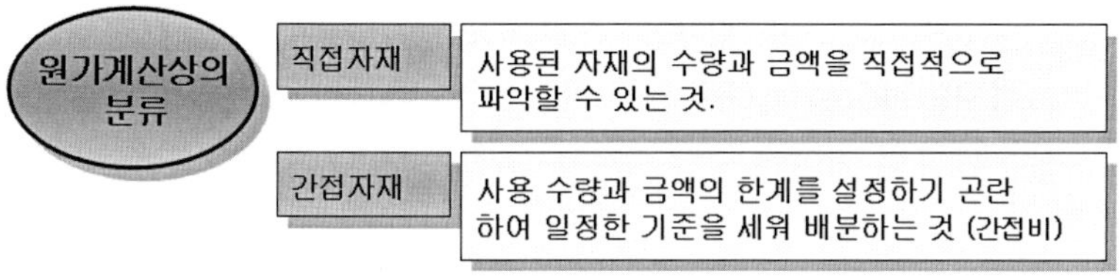

⑦ 준비방법에 의한 분류

- 상비자재
- 비상비자재

이 분류는 제품의 성격과 납기에 직결되는 문제로서 생산계획과 밀접한 관계를 가지고 있다. 특히 수주업체에서는 도면변경에 따르는 시방변경이 심하기 때문에 자칫하면 상비자재의 과다보유로 인한 자금면의 압박은 물론 사장자재라는 비경제적인 경과를 초래하기 마련이다. 따라서 납기와 직결되지 않는 제품을 위한 자재는 가능하면 최소한으로 억제 되어야 한다.

⑧ 상태의 의한 분류

- 사용가능품
- 요수리품
- 폐품

모든 자재는 엄격한 의미에서 자재의 상태에 따라 파악되고 계정되어야 한다. 저장 중 자재의 상태가 변하는 것은 물론 장부관리의 소홀에 기인하지만 취급상 상태변경도 흔히 있을 수 있는 일이다.

현재 많은 기업에서는 장부제도 자체가 상태별로 파악할 수 없게 되어 있다. 따라서 모든 자재는 사용 가능품으로 계정되어 있기 때문에 재고금액자체가 가공 숫자에 불과 한 것이다. 따라서 상태별로 파악계정하기 위해서는 장부양식을 근본적으로 재검토하지 않으면 안 된다.

⑨ 재질에 의한 분류

- 철금속 재료
- 비철금속 재료
- 비금속 재료
- 부분품
- 기계, 공구 및 기타

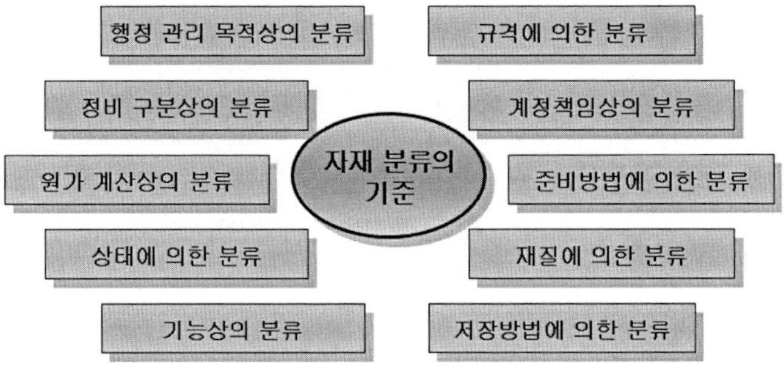

| 그림 1.22 | 자재 분류의 기준

⑩ 저장방법에 의한 분류

- 시한성자재

- 감광성 자재
- 동록 자재
- 보험성 자재

(3) 자재 분류번호 부여방법

① 자재 분류번호의 부여 목적

자재 분류번호의 부여목적은 모든 자재의 표준화, 규격화를 전제로 하여 이들보다 간소화된 방법으로 표식 하여 생산 유통, 분배, 소비과정에서 상호간에 의사소통을 용이하게 하고 자료처리의 능률화를 올리는데 있다.

따라서 자재번호는 간결하면서도 구체적인 내용이 포괄되어야 할 것이다.

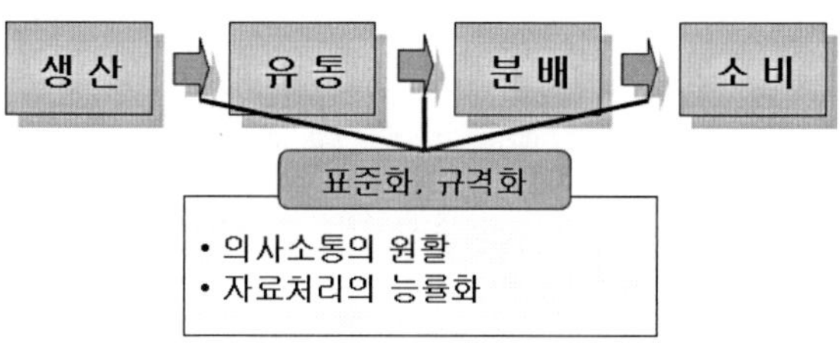

| 그림 1.23 | 자재 분류 번호의 부여 목적

② 자재번호의 구성

자재번호는 대개 다음과 같이 대분류, 중분류 및 소분류로 구성된다.

- **대분류(군 : Group, 급 : Class)**

- 자재의 성격

- 자재의 질

• **중분류**

- 기능적 특성
- 용도별 특성

• **소분류**

- 규격순위
- 공정순위

③ 자재 분류번호의 부여순서

자재 분류번호의 부여순서는 첫째, 분류기준을 설정하고 둘째, 취급품목의 명세표를 작성하고 셋째, 자료카드를 작성하는 것이다.

| 그림 1.24 | 자재 분류번호의 부여순서

• **분류기준의 설정**

- 현재의 취급품목과 앞으로 취급하리라고 예상되는 전체 품목 수를 파악한다.
- 전체품목수를 대표적인 종류로 묶는다.
- 종류별 품목 수를 파악한다.
- 종류별 품목의 특성, 성격을 파악하여 분류한다.
- 숫자의 자리수를 쉽게 결정한다.

이러한 순서로 개략적인 것을 판단하고 보면 대분류, 중분류, 소분류를 위한 숫자의 자리수를 판단할 수 있다.

- **취급품목의 명세표 작성**

이미 판단한 분류의 범위를 염두에 두고 같은 부류에 속하는 것은 그 부류별로 <표1.1>과 같은 명세표를 작성한다.

이 명세표의 작성 요령은 다음과 같다.

〈표 1.1〉 자재별 명세표

순위	*(1 자재명칭	*(2 규격	*(3 재질	*(4 단위	*(5 단가	*(6 제작회사	구입선		정비 능력			통제 구분				*(16 용도	*(17 표준 품목			
							*(7 내	*(8 외	*(9 A	*(10 B	*(11 C	*(12 X	*(13 NX	*(14 R	*(15 NR		A	B	C	D

***(1 자재명칭**

유사 품목과의 혼돈을 줄이기 위해서 명사, 동사, 형용사의 순위로 완전한 명칭을 기입해야 한다.

***(2 규격**

규격은 자재 분류상 대단히 중요한 비중을 차지하고 있기 때문에 자재 하나하나의 규격을 정확하게 조사하여 기록하며 용도 또한 명확히 한다.

***(3 재질**

특수한 재질을 표시하여야 할 자재에 극한 되는 경우가 많으나 재질을 정확하게 기입하지 않으면 후일에 자재번호만으로 식별할 경우에 일어날 혼돈을 방지할 수 없다.

***(4 단위**

계수 및 계량단위는 미-터법을 적용하는 것이 이상적이다. 그러나 간혹 계수하기가 아주 곤란한 자재는 박스, 상자 또는 케이스 등과 같이 일정한 표준포장단위를 결정하는 것도 이상적인 것이다.

***(5 단가**

단가에는 구입단가, 시가, 예정단가 등이 있으나 우리나라의 시장사정으로는 가격의 기복이 심하고 대단히 비과학적인 방법이 채택되고 있는 현실이기 때문에 사실상 문제점이 많다.

그러나 긴 안목에서 장기계약자재 같은 것은 자재청구자나 자재 수급계획 작성 상 편리한 자재가 되기 때문에 기입하는 것이 좋다.

***(6 제작회사**

제작회사는 가능하면 기호화하여야 하며 부차 구매의 편의를 도모하기 위하여 자체의 자재번호와 제작회사의 자재번호를 용이하게 대조할 수 있도록 명기하는 것이 좋을 것이다.

***(7, (8 구입선**

구입선은 주로 보유자재의 수급계획상의 자료로서 내외자재를 구별하기 위해서도 구입하는 것이 필요하겠으나 다음에 예상되는 국산품과 대체가능성을 판별하는 기초 자료로도 사용할 수 있다.

***(9, 10, 11 정비능력**

정비능력은 자체의 수리 또는 정비능력의 한계를 구분하는 것으로서 고장 발견 시 현장에서의 수리 가능 한가, 아니면 전담부서에 의뢰하여야 하는가, 또는 외주수리에 의존하는 경우도 있을 것이며 이러한 능력의 한계를 기호로 표식 할 필요가 있을 것이다.

***(12, (13, (14, (15 통제 구분**

통제구분은 자재의 성격을 파악하려 교환출고여부를 판단하는 기준으로 필요한 것이다. 이는 자재의 재활용이라는 견지와 자재의 남용을 실질적으로 방지할 수 있는 관리도구가 되기 때문에 자재 하나 하나의 성격을 면밀히 검토한 후 기호화 함이 좋을 것이다.

***(16 용도**

모든 자재는 단일용도로 뿐만 아니라 여러 용도로 사용될 때가 많다. 따라서 자재의 용도를 잘 파악함으로써 호환성여부를 판단하고 중요도를 감안하여 자재의 수급계획수립의 기초자료로 삼아야 한다.

***(17 표준품목**

표준품목인가 아닌가를 결정하여 자재의 표준화작업을 추진하는데 기초자료로 삼는다.

그런데 전 취급품목 중에 표준품목의 비중이 크면 클수록 좋은 현상이기 하지만 그렇지 않을 경우에라도 표준화를 추진하는 지름길이 될 것이다.

• 자료 카드의 작성

앞에서 작성된 취급품목의 명세표를 기준으로 하여 매품목마다 1매의 카드를 작성하게 되는데 여기서 포함될 사항은 대개 다음과 같다.

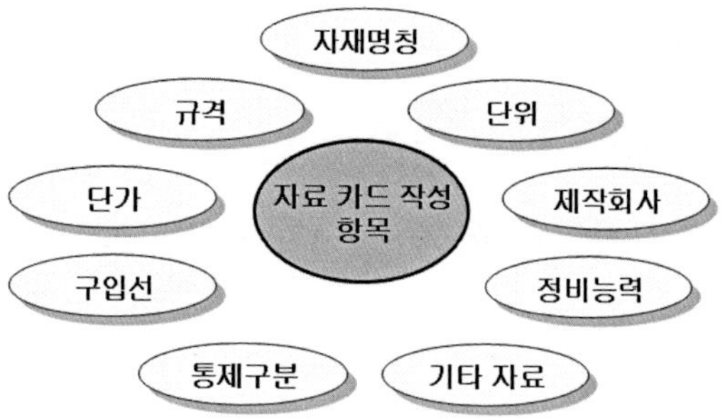

| 그림 1.25 | 자료 카드 작성 사항

④ 자재 분류번호의 부여

이렇게 하여 자료 카드까지 작성되면 정리 단계를 거쳐 자재 분류 번호가 부여되는 것이다.

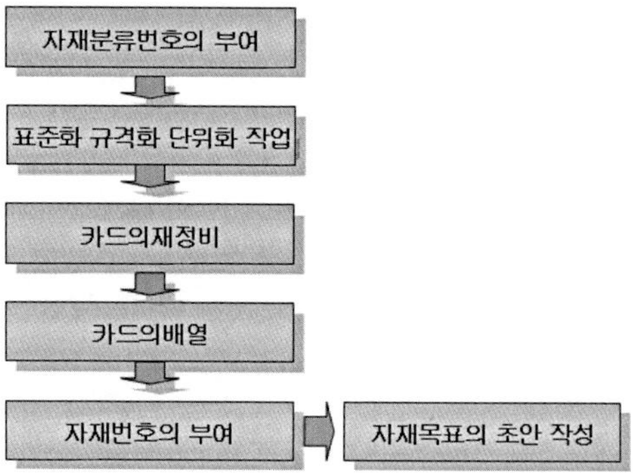

| 그림 1.26 | 자료 카드의 정리 단계

• **자료 카드의 분류**

작성된 카드를 분류기준에 따라 분류항목 단위별로 분류하게 되는데 가능하면 분류항목마다 '가나다' 순으로, '규격순위'로 배열함이 좋을 것이다.

• **표준화, 규격화, 단위화 작업**

이미 분류항목단위로 분류된 카드를 중심으로 가능한 범위 내에서 다음과 같이 작업을 실시한다.

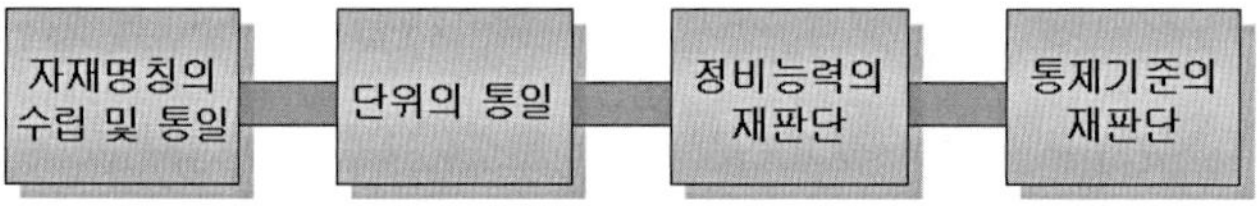

자재 분류 작업 중에서 이 단계가 가장 어렵고도 복잡하기 때문에 상당한 시간이 소요되며 또한 신경을 많이 써야 할 단계라고 본다.

• **카드의 재정비**

이미 설정한 분류항목에 합당한지를 분류항목마다 다시 대조·검토하고 특히 '자재명칭', '규격', '재질', '정비능력', '통제구분'과 같은 사항들을 세밀히 검토해야 한다.

• **카드의 배열**

이미 검토가 끝난 카드는 분류항목 단위별로 독립시켜 그 단위 내에서 자재의 기능적 특성, 통제수단 또는 용도별로 한 분류에 속하는 것은 별도로 배열한다.

• **자재번호의 부여**

이렇게 하여 카드의 배열이 끝난 카드의 적당한 공백을 이용하여 대분류, 중분류, 소분류의 순위로 번호를 부여한다. 이때 소분류의 일련번호를 부여함에 있어서 분류의 단위가 앞으로 예측되는 취급품목을 포함시킬 수 있는 여유를 고려해야 한다. 그렇지 않으면 취급품목의 증가로 인하여 항목 또는 일련번호를 근본적으로 수정해야 할 일이 생기기 때문이다.

• 자재목표의 초안 작성

배열이 끝난 품목 카드를 기준으로 <표1.2> 및 <표1.3>과 같은 양식에 의하여 자재번호순위와 자재명칭순위의 목록표를 초안으로 작성한다.

일단 이렇게 작성된 목록표의 초안은 인쇄의 자료가 되기 때문에 충분한 검토가 있어야 한다. 이상과 같이 자재번호제도는 자재의 표준화, 규격화, 단순화를 전제로 이를 관리 목적상 가장 간편하게 표식하기 위한 제도이다.

사무자동화 업무는 이를 전제하지 않으면 불가능한 것이다.

〈표 1.2〉 자재명칭순위 목록표

자재명칭 및 규격	자재 번호	제작회사 번 호	단위	단가	통제구분	정비능력	구입선	도면 번호	비고

〈표 1.3〉 자재 번호 순위 목록표

자재 번호	자재명칭 및 규격	제작회사 번 호	단계	단가	통제구분	정비능력	구입선	도면 번호	비고

<별지 제 1호 서식>

불용저장품입출고유형별현황

입 출 고	입 고								출 고											
유 형 / 구 분	자체발생		사업소전입		기타입고		계		자체출고		전 송		매 각		재생가공 업체인도		기타출고		계	
	수량	금 액	수량	금 액	수량	금 액	수량	금 액	수량	금 액	수량	금 액	수량	금 액	수량	금 액	수량	금 액	수량	금 액

<별지 제 2호 서식>

불용(폐)자재매각처분승인원

매각예정물품	매각예정물량	단위	수량	견적서 (1)	(2)	(3)	비 고
매 수 자 상 호				대 표 자			
사 업 장 주 소							
사업자 등록번호 (주민등록 번호)							

당현장에 공사도중 발생된 상기 불용(폐)자재를 최고
견적처에 매각처분코저
하오니 승인하여 주시기 바랍니다.

20 . . .

현 장 명 :
자 재 ㉑
현장소장

※ 본사 조치사항

결재	담 당									

<별지 제 3호 서식>

수 리 부 속 현 황

범 례 :

금액 단위 : $

월계 / 누계
20 년 월 일

구 분	계 획		취 소		수 령		사 용		반 납		재 고	
오파명	항 목	금 액	항 목	금 액	항 목	금 액	항 목	금 액	항 목	금 액	항 목	금 액

<별지 제 4호 서식>

월말 재고품 조사명세서

서기 20 년 월 일 현재

구분	품명	규격	단위	(공) 전월 재고	(공) 금월 재고	(공) 금월 출고	(공) 현재고	공정진도 / 진도%	단가		금액		비고

<별지 제 5호 서식>

(　　　)월 제품·재공품현황조사표

부 서 명 :　　　　　　　　20　년　월　일 작성

제품코드	제 품 명	가 격	제 품			목표생산량	재 공 품			재 고 량			매 출 처	비 고
			수량	단가	금액		수량	단가	금액	수량	단가	금액		

<별지 제 6호 서식>

자재 보관관리 점검 기록부

결재	작 성	검 토	승 인

○○○○년 ○○월 ○○일

관리항목	관리기준	관리주기		1	2	3	4	5	6	7	8	9	10	11	12	13	14	15	16	17	18	19	20	21	22	23	24	25	26	27	28	29	30	31
온도, 습도	상온 상습	1일 3회 1. 작업전 2. 작업중 3. 작업후	1																															
			2																															
			3																															
청 소 상태	청결할 것		1																															
			2																															
			3																															
자재정열상태	이상이 없을것		1																															
			2																															
			3																															
		책임자 체크																																

기호	내용
V	관리상태 양호
×	관리상태 불량
△	관리상태 미비

월 일	문제점	

<별지 제 7호 서식>

재 료 출 고 전 표

No.

의뢰표 No.		지시서 No.		작성일			
공 번		발주처		형명		개수	
납 기							

특 기 사 항	품 명	규 격	단 위	수 량

작 성	계 장	과 장	출고	수령

<별지 제 8호 서식>

주 요 자 재 관 리 표

자 재 명 칭	매 입 액	매입처,제조업자	인수검사의 방법	보 관, 관 리 의 방 법

<별지 제 9호 서식>

주요자재 소요현황

공종별	면적 (평)	수 량 / 평당소요량	형 틀 (M2)	철 근 (TON)	레미콘 (M3)	시멘트 (포)	모 래 (M3)	벽 돌 (매)	비 고
		수 량							
		평당소요량							
		수 량							
		평당소요량							
		수 량							
		평당소요량							
		수 량							
		평당소요량							
		수 량							
		평당소요량							
		수 량							
		평당소요량							
		수 량							
		평당소요량							
		수 량							
		평당소요량							
		수 량							
		평당소요량							
		수 량							
		평당소요량							
		수 량							
		평당소요량							
		수 량							
		평당소요량							
계		수 량							
		평당소요량							

<별지 제 10호 서식>

주요 자재 투입 예정표

현 장 명 :

공 종	품 목	규 격	단 위	수 량	금 액	월투입별 물량				비 고
						월	월	월	월	

<별지 제 11호 서식>

자재관리규정

제1장 총 칙

제1조 【목 적】

이 규정은 ○○주식회사(이하 "회사"라고 한다)의 제조공정의 안정화와 제품의 규격화 완성에 필요한 자재의 계획, 구입, 수입, 검사, 입출고 및 보관 등의 업무의 기준을 정함을 목적으로 한다.

제2조 【자재의 정의】

① 이 규정에서 자재라 함은 원재료 및 저장품을 말한다.

② 자재는 구입을 하는 부문에 의하여 본사구입자재와 공장구입자재로 구분한다.

제3조 【자재관리에 관한 업무부장의 직능】

자재관리에 관한 업무부장의 직능은 다음 각호에 의한다.

1. 자재관리에 관한 방침의 설정
2. 자재의 조달계획의 조정
3. 구입자재의 구입계획의 결정 및 변경
4. 구입자재의 구입업무의 실시
5. 미가동자재의 활용, 처분에 관한 지시
6. 기타 자재관리에 필요한 사항

제4조 【자재관리에 관한 공장장의 직능】

자재관리에 관한 공장장의 직능은 다음 각호에 의한다.

1. 제조계획에 의한 자재소비계획 및 조달계획의 결정
2. 원재료규격의 결정
3. 자재소비단위의 결정
4. 재고량의 통제 및 재고량저장처리의 실시

5. 1건당 500만원 이하의 매각 및 폐기처분의 결정
6. 공장구입자재 구입계획의 결정 및 구입업무의 실시
7. 시자재의 수입검사, 입출고, 보관업무의 실시
8. 기타 자재관리에 필요한 사항

제5조 【자재회의】

① 본사와 공장의 자재관리에 관한 조정을 위하여 업무부장은 자재회의를 개최할 수 있다.

② 자재회의는 업무부장을 위원장으로 하며, 본사 자재과장 및 동담당과원과 관련된 공장자재담당부과장 및 동담당계원을 구성원으로 하여 구성된다. 또한 필요한 경우에는 다른 관계부과의 담당자도 구성원으로 할 수 있다.

③ 업무부장은 자재회의의 개최시 미리 그 시기 및 의제를 정하여 통지한다.

④ 자재회의의 주무기관은 본사자재과로 한다.

제6조 【실시절차】

자재의 구입, 입출고, 보관 등의 절차는 각각 따로 정한다.

제7조 【규격의 설정】

자재관리의 품질에 관하여는 따로 정하는 규격표준설정절차에 따라 규격을 설정한다.

제8조 【자재관리에 관한 방침】

자재관리에 관한 연도 또는 분기의 방침은 업무부장이 결정한다.

제2장 구입, 입출고, 보관

제9조 【자재의 구입계획】

자재의 구입계획은 다음 각 호에 의하여 설정한다.

1. 원재료는 생산계획에 의하여 소정의 원단위에 의하여 계산하고, 저장품은 과거의 실적에 의하여 계산하여 자재소비계획을 작성한다.

2. 소비계획 및 재고통제에 관한 방침에 따라 산출한 재고량에 의하여 자재조달계획서(별지서식 제1호)을 작성한다.
3. 소비계획 및 조달계획과 자금상황, 시장조사, 구입처조사 등에 의하여 자재구입계획서(별지서식 제2호)을 작성한다.

제10조 【구입처 및 구입단가의 결정】

① 구입처의 선정은 경영내용, 품질에 대한 신용, 수량, 납기에 대한 신용 등을 검토하여야 한다.

② 본사가 구입하는 자재의 구입처 및 구입단가는 업무부장이 결정하나 다음 각 호의 경우는 사장의 승인을 얻어 결정하여야 한다.

1. 1품목의 월평균구입액의 10%를 초과하는 품목의 거래량 및 단가
2. 1거래처의 월평균구입금액이 총구입금액의 10%를 초과하는 거래처
3. 비밀보지 기타의 이유에 의하여 사장이 필요하다고 인정한 거래처

③ 비밀구입자재의 구입처 및 단가는 각 공장에서 따로 정한다.

제11조 【구입계약】

자재를 구입함에 있어서는 품질, 구입량, 납기, 단가, 수도장소, 수송방법, 위약의 경우의 처치 등에 대하여 명확히 정하여야 한다.

제12조 【자재의 입고】

납입된 자재에 관하여는 품질, 수량, 납기 등이 주문서와 시방서의 기재사항과 일치하는가의 여부를 검사하고, 합격된 자재에 대하여 입고의 절차를 밟는다.

제13조 【구입자재의 품질검토】

구입자재의 품질검토는 따로 정하는 검사작업표준서에 따라

실시한다.

제14조 【자재의 보관】

① 자재의 보관은 품종별, 치수별, 제조단위별로 명확하게 구별하여 실시한다.

② 보관중에 품질의 변환 및 변질의 우려가 있는 자재에 대하여는 그 방지대책을 세운다.

③ 위험물의 보관은 위험물취급규칙에 따라 보관한다.

제15조 【자재출고의 경우의 검사】

자재의 사용에 있어서는 따로 정하는 검사업무절차 또는 검사작업표준서에 따라 제조단위별로 품질검사를 실시한다.

제16조 【자재의 출고】

① 생산계획 또는 이에 준하는 계획에 의한 자재의 출고는 계획출고를 하며, 기타의 것은 소비부서의 출고청구에 의하여 출고한다.

② 출고의 방법은 입고된 순서에 따라 구분을 명확히 하여야 한다.

제17조 【자재의 재고조사】

자재의 재고조사는 매기 1회 이상하며, 그 조사방법은 일제조사 또는 순차조사의 방법에 의한다.

제18조 【자재의 출고】

사업소간의 자재 출입의 경우와 외주처를 제외한 사외거래처에 자재를 양도하는 경우에는 업무부장의 지시에 따른다.

제19조 【보고서】

① 자재관리업무에 관하여 공장에서 +본사에 제출하는 보고서의 명칭은 다음 각 호와 같다.

1. 자재수불잔액월보
2. 연료사용잔액월보
3. 포장재료수불잔액표

4. 주요자재수불잔액주보
5. 약품용재료수불잔액표
6. 원단위표 사본
7. 원재료규격 사본
8. 자재구입예산실적비교표
9. 재료재고조사표

② 제1항의 보고서는 본사의 자재과에 제출하여야 한다.

부 칙

제 1 조 【 시행일 】

이 규정은 20 년 ○○월 ○○일부터 시행한다.

【별지서식 제1호】 자재조달계획서

【별지서식 제2호】 자재구입계획서

<별지 제 11호 서식> 【별지서식 제1호】

자재조달계획서

현장명							
현 장	담 당	검 토	승 인	본 사	담 당	검 토	승 인

품 명	수 량	단 위	사용날짜	비 고

<별지 제 11호 서식> 【별지서식 제2호】

자재구입계획서

■ 현장명 :

날짜	품 목	규격	단위	수량	단가	금 액	구 입 처	비 고

02 자재소요계획(MRP)

CHAPTER

2.1 MRP의 기초 개념

2.1.1 독립수요와 종속수요

(1) 독립수요와 종족수요의 정의

재고 품목은 독립수요품목과 종속수요품목으로 구분된다. 독립수요(independent demand)란 독자적으로 발생하는 수요이며, 종속수요(dependent demand)는 다른 품목(상위품목)의 수요로부터 유발되는 수요이다.

| 그림 2.1 | 독립수요와 종족 수요의 구분

일반적으로 최종제품(end items)과 예비부품(spare parts)의 수요는 독립수요이며 원재료, 부품, 중간조립품(subassembly) 등 최종제품의 구성품의 수요는 종속수요라 할 수 있다.(때로는 한 품목이 독립수요품목이면서 종속수요품목이 될 수 있다.)

| 그림 2.2 | 독립수요와 종족 수요의 구분

독립수요는 외부 소비자의 요구에 의하여 형성되므로 불확실한 수요이다. 그러나 종속수요는 내부의 최종제품의 생산계획이 확정되면 이로부터 정확하게 산출할 수 있다. 예컨대 자동차 생산대수가 1,000대로 결정되었다면 타이어 수요는 5,000으로 산출된다. 따라서 독립수요는 예측하는 수요이고 종속수요는 산출하는 수요라 할 수 있다.

(2) 독립수요와 종속수요의 성격

[그림 2.3]에서 보는 것처럼 독립수요와 종속수요는 그 성격이 다르다. 대체로 독립수요는 연속적이지만 종속수요는 간헐적, 이산적 또는 덩어리모양이라 표현된다. 즉, 최종제품의 수요는 계속적으로 발생하지만 자재의 수요는 한 동안 끊겼다가 가끔 한번 불쑥 발생하는 것이다.

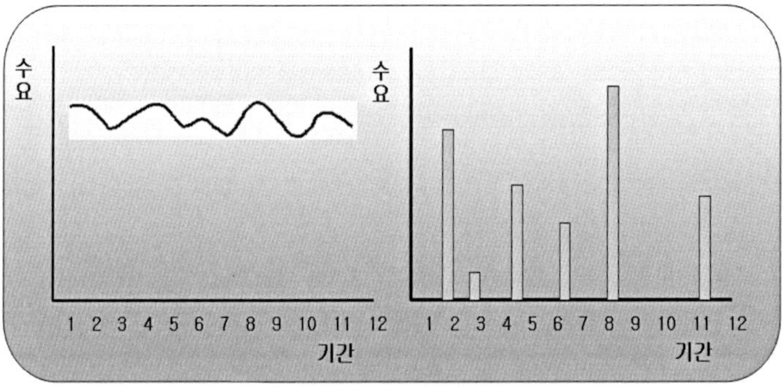

| 그림 2.3 | 독립수요와 종속 수요

자재의 수요가 비연속적인 것은 이유가 있다. 제품수요가 안정되어 있어도 그것을 소량으로 계속적으로 생산하는 것보다 가끔 한 번씩 큰 로트나 배치로 생산하는 것이 더 경제적일 수 있다. 다품종소량생산에서는 로트나 배치단위의 생산이 불가피하다. 이와 같은 간헐적 생산에 의하여 자재의 수요도 간헐적으로 발생하는 것이다.

(3) 독립수요와 종속수요의 관리 방법

독립수요품목과 종속수요품목은 수요의 성격이 다르므로 관리방법도 달리해야 한다. 독립수요품목의 수요는 지속적이므로 재고를 계속 보유해야 하며 이를 위해서 가끔 한번 재고를 보충해야 한다. 그러나 종속수요품목은 생산기간 중에만 재고를 보유하면 된다. 그 이전이나 이후에 재고를 계속적으로 보유하는 것은 재고유지비의 낭비를 초래할 뿐이다. 또한 독립수요품목은 수요가 불확실하므로 안전재고가 필요하지만 종족수요품목은 수요를 미리 알 수 있으므로 안전재고가 필요 없거나 수요 이외의 불확실성에 대비하여 다소의 안전재고를 보유하는 것으로 족하다.

2.1.2 MRP 기법이란

(1) 생산계획 활동의 과제

생산 활동을 관리하는데 가장 중요한 것은 제품 수요의 시기와 양에 맞도록 적용해 나가는 일이다.

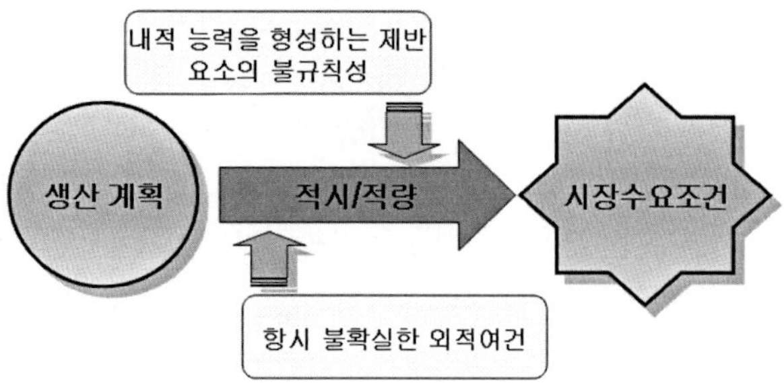

| 그림 2.4 | 생산능력의 과제

이것은 외적 여건의 불확실성과 내적능력을 형성하는 제반요소가 불규칙하게 변동되기 때문에 쉽게 이루어질 수 없다.

따라서 제품을 계획대로 적량 및 최소의 비용으로 생산하는 것이 생산 관리자의 가장 중요한 과제인데, 이것이 바로 생산능력을 시장수요조건에 적응시키는 과제이다.

(2) MRP(Material Requirement Planning) 기법

생산일정계획과 일정품 재고관리를 자재계획과 연결하는 일연의 생산시스템을 위해 개발되고 실제에 적용됨으로써 높이 평가되고 있는 기법이 최근 각종 생산 형태에서 사용되고 있는데 이것이 바로 MRP를 기초로 한 일정 및 재고통제 기법이다.

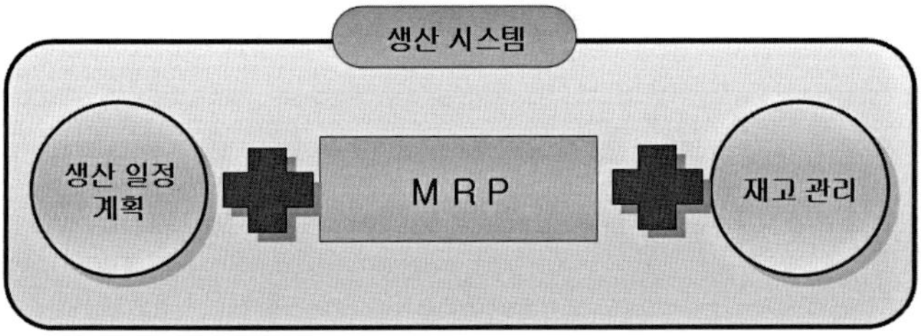

| 그림 2.5 | MRP 기법

(3) MRP 기법의 특징과 목적

MRP는 기존의 평균재고의 개념으로 시도되고 있는 재고관리 기법에서 야기되는 과잉재고와 재고부족현상을 없애 재고비용을 극소화한다는데 이 기법의 특징이 있다.

고객에 대한 납기이행은

- 필요한 자재의 적량구입
- 필요한 자재의 적시공급
- 제품 생산에 소요되는 시간

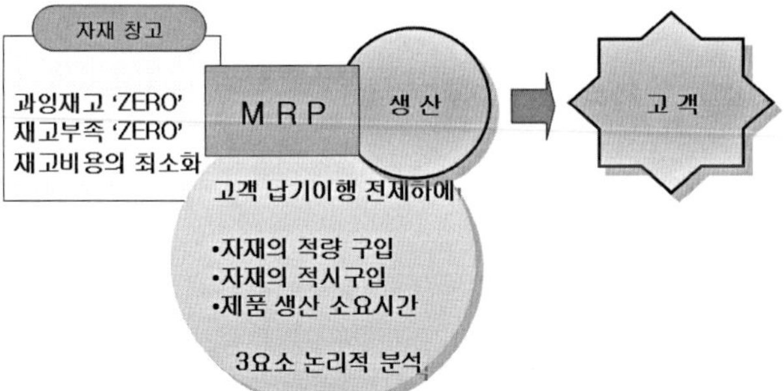

| 그림 2.7 | MRP의 특징과 목적

으로써 MRP는 이 3가지 요소의 상호관계를 논리적으로 분석하여 완제품에 대한 수요요건, 즉 납품시기와 납품량을 전제로 하고 이 제품의 생산에 있어 자재가 언제 얼마만큼 준비되어야 하는가를 결정하여 원료와 제품의 현재고를 필요한 때 꼭 필요한 만큼 갖게 하는 것을 목적으로 하는 것이다.

(4) MRP 기법의 고려 사항

결론적으로 MRP는 각종 소요자재와 부품을 언제 얼마를 주문해야 하는가를 최종제품이나 주요조립품의 완성일정을 기산점으로 하여 역으로 결정하여 조립공정별로 필요한 자재를 사용직전에 준비시킴으로써 납기통제와 재고관리를 최소의 비용으로 동시에 완수하려는 기법이다. 이 때 소요자재의 필요산출량은 불량품을 고려하고, 또 구입조달에 소요되는 기간(lead time)을 부품별로 충분히 사전에 고려해 두어야 한다.

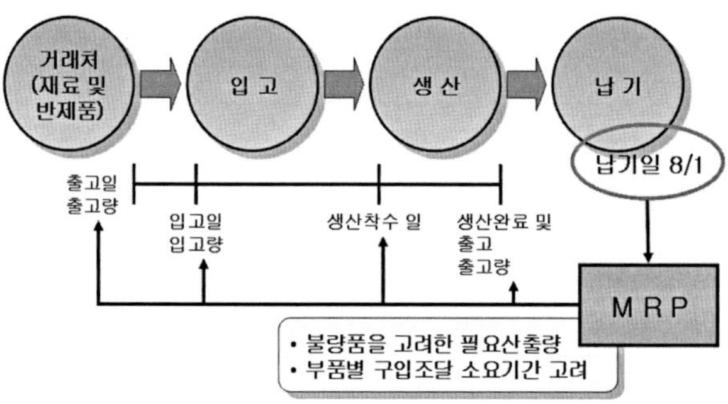

| 그림 2.7 | MRP기법의 고려사항

2.1.3 MRP의 의의

(1) 수많은 자재, 부품 및 구성품 등은 그의 완제품을 생산할 경우에만 수요가 결정되기 때문에 종족수요품목이라고 한

다. 최종 완제품이 적시에 공급되기 위해서는 이러한 종족 수요 품목의 공급이 적시에 이루어져야만 한다.

(2) 완제품이 일정량씩 주기적으로 생산된다면 그의 구성품들의 수요는 그 완제품이 생산되는 시기에만 한꺼번에 무더기로 발생한다. 물론 완제품의 생산이 없는 시기에는 그 완제품의 구성품들에 대한 수요는 발생하지 않는다.

(3) 무더기 수요를 나타내는 원자재, 부품 및 구성품 등 종속수요품목의 수요는 예측하기보다는 자재소요계획(MRP)시스템을 이용하여 주일정계획(MPS : Master Production Schedule)으로부터 정확히 계산 할 수 있다. MRP시스템은 필요한 때에 각 품목의 적량이 보유되도록 하면서 재고 수준을 낮추어 주기 때문에 생산계획의 추진을 위한 중요한 단계이다.

- 무더기(덩어리) 수요란

  수요가 없는 기간도 많고, 있을 때는 한꺼번에 일괄적으로 나타나며, 수요량도 기간마다 상당히 달라진다.

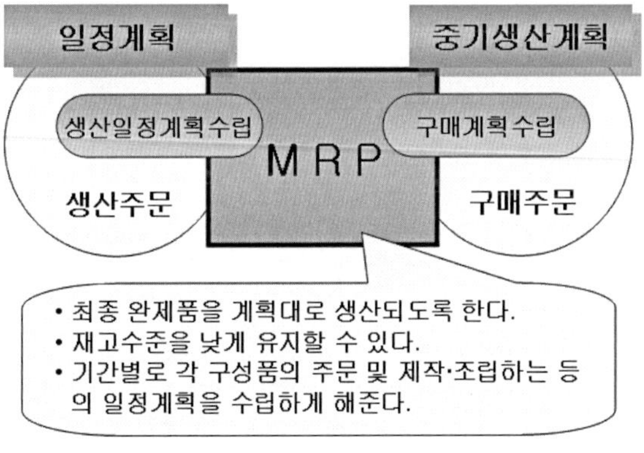

| 그림 2.8 | 가교역할을 하는 MRP 기능

(4) 생산주문은 공장현장에서의 생산일정계획 수립에 사용되고, 구매주문은 적량의 구성품들이 필요로 하는 시기에 공급될 수 있도록 구매계획수립에서 사용된다. 따라서, MRP는 중기생산계획과 일정계획과의 연결고리 역할을 함으로써 다음과 같은 일을 가능하게 해준다.

2.1.4 MRP의 관리적 특징

(1) MRP와 PERT/CPM과의 차이점

어떤 특정 활동의 작업개시나 자재의 발주시기 등을 결정할 때 전체공정의 최종계획완료일을 기산점으로 역산하는 것은 PERT/CPM에 의한 일정계획기법과 매우 유사하다.

그러나 PERT/CPM기법이 단일사업의 일정계획통제에 사용되는 것임에 비하여 MRP는 다품종의 제품 및 반제품생산을 대상으로 계획·통제할 수 있고, 부품이 최종제품으로 완성되어가는 단계별로 부품상호 관계를 관련한 통합적인 자재계획이 수립될 수 있다. 다시 말하면 MRP가 PERT/CPM과 다름 점은 제품과 부품(자재)과의 상호관계를 시간적·수량적 차원에서 동시에 다룬다는 점이다.

PERT/CPM	단일 사업의 일정계획통제에 사용
M R P	•다품종의 제품 및 반제품 생산을 대상으로 계획 통제 •최종 제품으로의 단계별 부품상호간 통합적인 자재계획 수립

| 그림 2.9 | PERT/CPM과 MRP의 차이점

(2) MRP기법과 EOQ-ROP기법의 차이점

MRP의 관리적 특성을 규명함에 있어서는 이미 멀리 알려져 있는 통제적 방법에 의한 '경제적 일회주문량(EOQ)과 재주문점(Reorder Point: ROP)을 토대로 하는 전통적인 재고관리 기법의 차이점을 살펴보는 것이 필요하다.

아래에서 예시를 통해 자세히 알아보자.

기계 18대를 한 생산단위로 연중 8번째 주, 27번째 주, 42번째 주에 각각 조립하는 일정계획을 작성했다고 하자. 이 생산일정에 따르면 총생산예정량은 54대인데, 조립해야할 각 주(8, 27, 42번째 주)가 시작되기 전에 실제로 필요한 부품이나 반제품은 18대 분에 불과하다. 이것은 이 기계를 조립하지 않은 연중 52개중 중 3개주를 뺀 나머지 49개주에는 실제로 부품이나 자재가 전연 필요하지 않다는 것을 의미한다. 다시 말하면 재고비용을 최소로 하고, 생산일정에 가장 충실한 재고관리가 이루어진다고 할 수 있다.

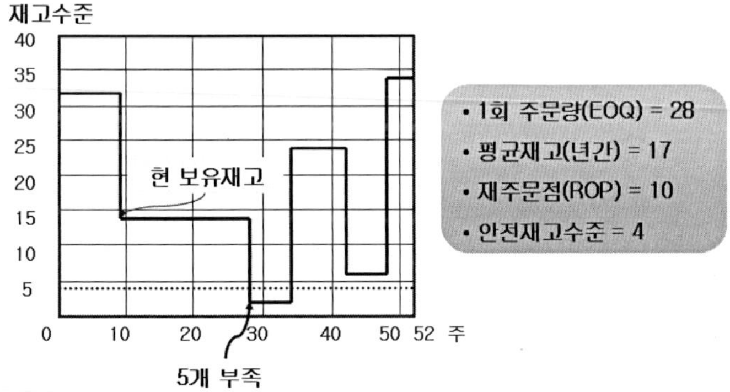

| 그림 2.10 | EOQ-ROP 기법에 의한 실제재고수준

이러한 사례를 우리가 알고 있는 EOQ-ROP의 통계적 방법에 의하여 관리한다면 이 기계를 제작하는데 필요한 부품 중 어떤 한 부품의 재고관리 방식은 [그림 2.10]에서 보는 바와 같다.

이 그림에 의하면 일회주문량(EOQ)은 28개이며, 재주문점은 재고수준이 10개 이하로 될 때이다. 안전재고 수준은 4개이다. 이러한 요소들을 갖추어 관리할 때 27번째 조립을 위해서 5개의 재고부족이 발생하여 실제로 조립일정에 차질을 초래하게 된다. 중요한 것은 이 재고 부족 현상은 재고관리자의 운용의 문제가 아니라 제도의 잘못이란 점이다.

전년도를 통하여 주당평균재고는 17개에 달하면서도 결과적으로 재고부족을 예방할 수 있다.

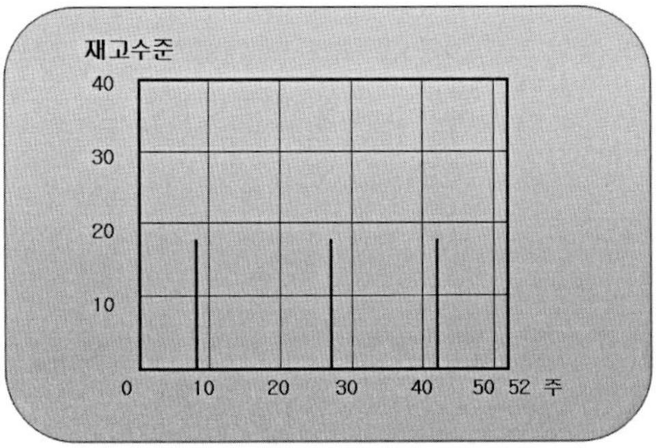

| 그림 2.11 | MRP기법에 의한 적정재고수준

이에 반하여 MRP기법에 의할 경우 위의 예에서 동일부품의 적정재고수준은 다음 [그림 2.11]에서 보는 바와 같이 필요한 때에 입고된 양 그 자체가 된다.

이 특정부품의 경우 일회 주문양은 18개이며 연간 3회, 즉 8주, 27주 그리고 42주 직전에 각각 창고에 입고해야 될 양과 동일하다. 그리고 이때를 제외한 나머지 기간에는 이 부품의 저장은 아무 의미가 없다고 보는 것이다.

EOQ-ROP는 과거의 사용실적에 의한 역사적 수요 자료를 기초로 하는 계측적인 방법에 따른 반면, MRP는 제품을 형성하는 구성품 상호간의 관계를 제품의 대일정계획(master schedule)을 토대로 논리적인 방법에 따른다.

EOQ-ROP	과거의 사용실적에 의한 역사적 수요 자료를 기초로 하는 계측적인 방법
M R P	제품을 형성하는 구성품 상호간의 관계를 제품의 대일정계획을 토대로 논리적인 방법에 따름

| 그림 2.12 | EOQ-ROP기법과 MRP의 차이점

MRP가 일반적으로 지니고 있는 관리상의 장점을 들면 다음과 같다.

① 상황변화에 따른 신속한 자재계획

생산 상황의 문제로 인해 자재계획에 차질이 생길 경우 자재조달을 일정에 맞추어 촉진과 지체조치를 함으로써 제품납기상의 변동에 따라 필요한 자재의 조달 우선순위를 신축성 있게 재편성할 수 있다.

I. 사내 조달되는 다른 부품이나 조립품을 위해 생산능력을 재빨리 전용할 수 있다.

II. 자재조달 단계에서의 입고 시기에 따른 다툼이 입고 후에 대기하는 모순을 면치 못하여 생기는 불필요한 비용을 절감한다.

III. 우선순위의 조절은 납품업자에 대하여 시간여유를 줌으로써 납품시기를 늦추어 사내원자재 재고를 감소시킬 수 있다.

| 그림 2.13 | 자재조달 우선순위의 올바른 유지

② 생산소요시간의 감축

공장전체의 관점에서 볼 때 제품납기상의 우선순위를 정확하게 조절한다는 것은 평균생산 소요시간의 감축을 가져온다.

MRP가 올바로 실시되는 경우는 필요한 자재가 생산 공정의 흐름에 맞추어 입고되기 때문에 부품의 도착에 지체됨에 생기는 소요시간이 없어지며, 그 결과 재고수준이 필요량을 초과하는 경우는 없게 된다.

③ 사전납기통제

MRP시스템은 어떤 부품의 조달이 여의치 못할 때 이것으로 말미암아 제품의 납품을 약속한 일자에 수행할 수 없다는 것을 신속히 파악할 수 있다. 따라서 고객에게 이 사실을 사전에 통보하여 사내공정 지체에서 발생되는 비효율성을 고객에게까지 파급시키는 사례를 사전에 경고할 수 있다.

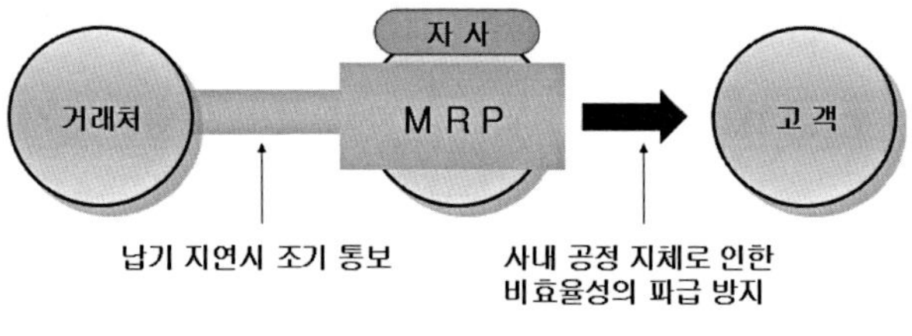

| 그림 2.14 | MRP의 사전납기통제 기능

④ 장기적 관리체제를 확립하기 위한 기초

즉, 자재명세표, 재고기록철, 연간일정계획서 등 MRP제도상 구비되는 관리정보를 이용하여 장기적인 관점에서 예산편성, 설비계획, 생산능력계획 등을 효과적으로 해 나갈 수 있다.

⑤ MRP가 사용되는 곳은

MRP는 기계에 의한 제품의 조립공정 어느 경우에나 사용될 수 있는데, 특히 다음과 같은 특징을 지니고 있는 여건에서 효과를 달성할 수 있다.

- 제품의 생산과정이 복잡하고, 여러 개의 조립단계를 거쳐 제품이 완성되는 때
- 제품원가가 비쌀 때
- 구성부품제작이나 원료구입을 위한 소요시간이 길 때
- 최종제품의 생산 공정이 길 때
- 다품종 생산의 경우 소요자재를 일괄적으로 계획함으로써 경제적 주문량을 결정할 수 있을 때

| 그림 2.15 | MRP 관리상의 장점

2.1.5 MRP시스템의 개관

(1) 최종제품의 구성

MRP프로그램은 최종제품의 생산계획, 제품구조, 재고량 및 리드타임에 관한 자료를 사용하여 이로부터 자재소요(소요량, 소요시점)와 자재발주(발주량, 발주시점)를 결정하여 출력하는 것이다.보통, 최종제품의 구성품은 [그림 2.16]과 같이 조립품, 소조립품 또는 중간조립품, 부품, 원재료로 이어지는 단계적 구조를 가지고 있다.

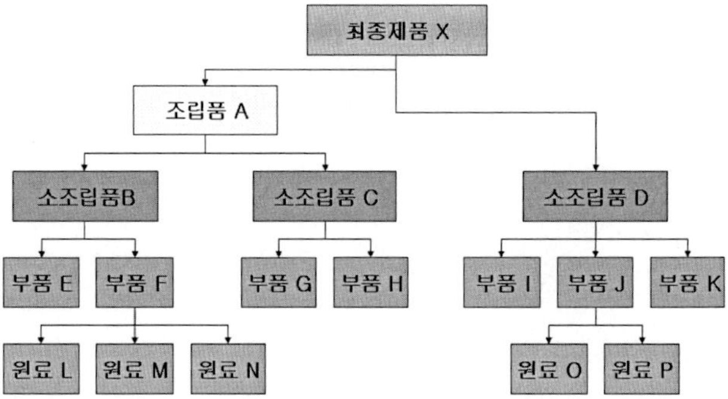

| 그림 2.16 | 최종제품의 구조

(2) MRP시스템의 구조와 과정

[그림 2.17]은 MRP시스템의 구조와 과정을 보여준다. MRP시스템을 시동케 하는 것은 주일정계획이다. 주일정계획이란 최종제품의 생산계획으로 고객주문과 수요예측을 근거로 하여 형성된다. 주일정계획이 주어지면 MRP시스템은 우선 자재소요를 결정한다. 이를 위해서는 최종제품의 생산량과 최종제품 한 단위의 자재소요는 자재명세파일에서 각각 알 수 있다.

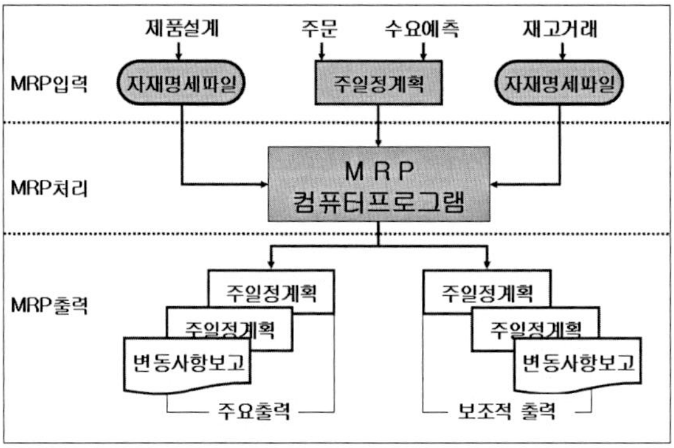

| 그림 2.17 | MRP시스템의 구조와 운영과정

(3) 타임페이징(time phasing)

자재소요가 결정되면 다음에는 자재발주(발주량, 발주시점)를 결정한다. 발주량은 소요량에서 이미 보유하고 있는 재고량과 입고예정량을 빼서 얻는다. 재고량과 입고예정량은 재고기록파일에서 알 수 있다. 한편 자재의 발주시점은 최종제품의 완성시점부터 역산하여 도출한다. 먼저 자재의 소요시점을 도출하고 소요시점에서 자재의 생산/구매에 소요되는 시간, 즉 리드타임을 차감하여 발주시점을 결정하는 것이다.

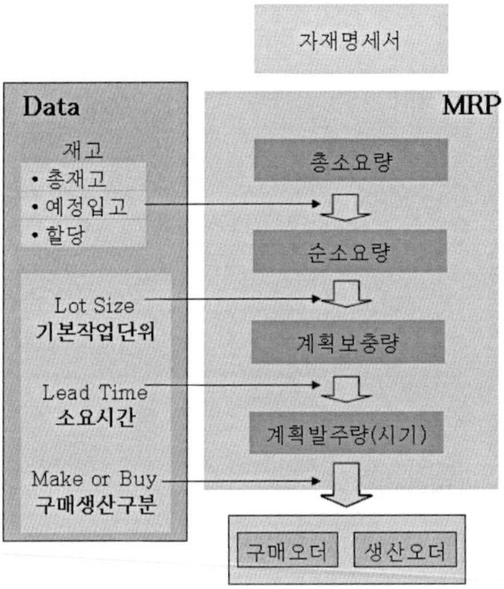

| 그림 2.18 | MRP프로세스

2.2 MRP의 투입 정보

MRP시스템은 주일정계획파일, 자재명세파일, 재고기록파일의 세 가지를 주된 입력으로 사용한다. 이들 파일에는 각각 최종품목의 소요(생산계획), 구성품의 리스트(제품구조), 재고현황과 리드타임에 관한 정보가 포함되어 있다.

2.2.1 주생산일정계획(MPS)

(1) 주생산일정계획의 정의

주생산일정계획은 주일정계획 (Master Production Schedule: MPS)이라고도 한다. 주일정계획은 <표 2.1>과 같은 최종제품의 생산계획으로서 최종제품이 언제 얼마가 생산되어야 하는가를 보여준다. 주일정계획은 단순한 수요예측이나 판매예측과는 달리 실천을 전제로 한 계획이다.

〈표 2.1〉 ○○제품의 주일정계획

기간(주)	1	2	3	4	5	6	7	8	9	10
생산수량 (소요수량)	200	-	300	-	400	-	200	100	-	300

(2) 주생산일정계획의 내용

주일정계획에는 단위기간과 계획대상기간이 설정된다.<표 2.1> 에서 단위기간은 1주, 계획대상기간은 10주로 설정되었다.

① 단위기간

단위기간은 때로는 1일, 2주 또는 1개월이 될 수 있고 그 간격도 변동할 수 있다. 예컨대 주일정 계획의 앞부분(최근 부분)은 일 단위나 주 단위로 하고, 미래부분은 2주나 월 간격으로 할 수 있는 것이다

② 대상기간

대상기간은 적어도 제품의 누적리드타임과 같거나 더 길어야 한다. [그림 2.19]에서 보는 것처럼 누적리드타임은 제품이 자재발주로부터 부품생산, 중간조립, 최종조립의 과정을 거쳐 완성되기까지의 소요시간을 말한다.

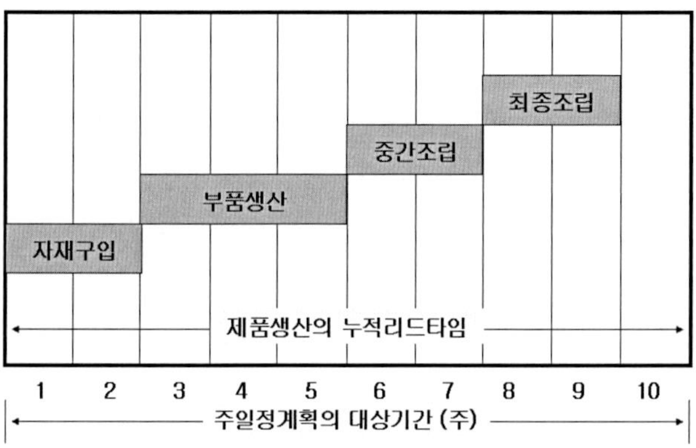

| 그림 2.19 | MPS의 대상기간과 제품의 누적리드타임

(3) 주생산일정계획의 작성

주일정계획은 고객주문, 수요예측 또는 총괄생산계획을 입력으로 하여 작성된다. 주일정계획은 처음에는 제품의 생산소요만을 고려하여 작성된다. 즉, 최종제품이 언제 얼마가 생산되어야 하는가를 고려하여 잠정적인 성격의 계획으로 작성되는 것이다.

잠정적인 주일정계획이 작성되면 다음에는 생산능력차원에서 이것의 실현가능성을 검토한다. 즉, 주일정계획에서 요구되는 생산능력(생산능력소요)을 가용생산능력과 비교하는 것이다. 능력소요에 비하여 가용능력이 부족할 때는 생산능력을 확장 하거나 주일정계획을 축소 조정하여야 한다. 이와 같은 능력소요계획의 과정을 거쳐 주일정계획을 축소 조정하여야 한다. 이와 같은 능력소요계획의 과정을 거쳐 주일정계획은 비로소 최종안으로 확정된다.

(4) 주생산일정계획의 고려사항

단기생산계획인 주일정계획에서는 계획의 안정성이 대단히 중요하다. 주일정계획이 자주 변경되면 MRP를 효과적으로 운용하기 어렵기 때문이다. 주일정계획의 안정성을 보장하기 위한 한 수단으로 시간경계선을 설정하여 계획의 변경을 통제하는 방법이 있다. 즉, 2,3개의 시간경계선을 설정하여 계획대상기간을 서너 개의 시간대로 분할하고 현재에 가까운 시간대에서는 계획의 변경을 엄격하게 제한하고, 미래의 시간대에서는 점진적으로 제한을 완화하는 것이다.

2.2.2 자재명세파일(Bill of material File: BOM)

자재명세파일(BOM)은 최종제품의 구조와 자재수요를 기록한 것으로 일명 제품구조파일이라고도 한다. 즉, 최종제품 한 단위를 생산하는데 소요되는 모든 구성품의 결합형태(모자관계)와 소요량이 표시된다.

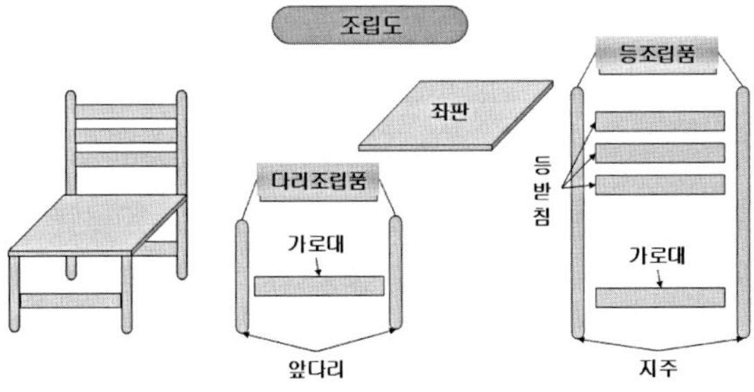

| 그림 2.20 | 의자의 조립도와 제품구조수

(1) 제품구조수 (product structure tree)

제품구조수는 자재명세파일을 도식화한 것이다. [그림2.20]는 '의자'의 조립도와 제품구조수를 보여준다. 제품구조수는 조립도를 추상화한 피라미드형의 도표임을 알 수 있다. 의자는 다리조립품(1개), 좌판(1개), 등조립품(1개)으로 조립되고, 다리조립품은 다시 앞다리 2개와 가로대 1개로 구성됨을 알 수 있다. 괄호 안의 숫자는 모품목 한 단위에 포함되는 자품목의 수량이다. 단계번호는 각 구성품의 제품 구조상의 위치를 보여준다. 최종제품인 의자는 0단계, 의자의 자품목인 다리조립품은 1단계, 다리조립품의 자품목인 앞다리와 가로대는 2단계에 속한다. 다리조립품은 의자에 대해서는 자품목이 되고 앞다리와 가로대에 대해서는 모품목이 된다.

(2) 제품전개(product explosion)

제품구조수에는 모품목 한 단위에 포함되는 자품목의 수량이 주어지므로 이것을 이용하면 최종품목 한 단위의 자재소요를 쉽게 산출할 수 있다. [그림 2.21]은 제품구조수를 이용하여 제품X

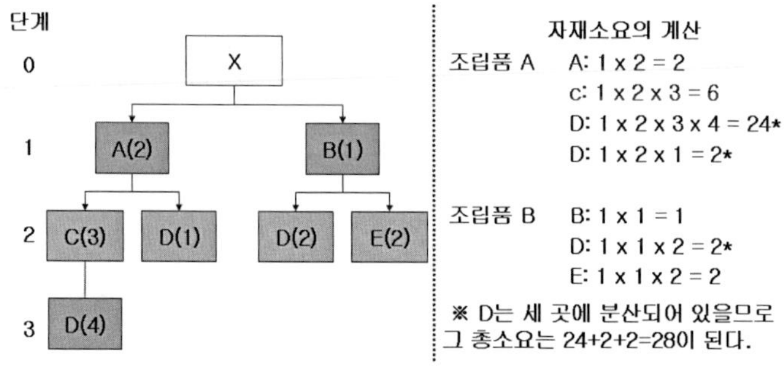

| 그림 2.21 | 제품 X 한 단위의 자재소요 산출

한 단위의 재자소요를 산출하는 방법을 보여준다. 자재소요를 산출하는 것을 제품전개 또는 부품전개라 한다. 제품전개를 할 때 BOM의 어느 한 부분에 작은 오류가 하나라도 있으면 곱셈과정을 거치면서 이것이 크게 확대될 수 있다. 그러므로 BOM은 고도의 정확성이 요구된다.

(3) 저단계코딩(low-level coding)

제품구조수에는 [그림 2.21]의 D품목과 같이 한 품목이 여러 단계에 분산하여 나타 날 수 있다. 이와 같은 현상은 한 부품이 여러 제품에 공통적으로 사용되는 경우에도 발생한다. 이 때, [그림 2.22]와 같이 모든 D품목을 가장 낮은 D품목의 단계(3단계)로 끌어내려 단계를 통일할 수 있다. 이렇게 하는 것을 저단계코딩이라 한다. 공통부품에 대해서는 저단계코딩을 적용하는 경우가 많다. 컴퓨터가 자재소요를 산출할 때는 최상위 단계로부터 한 단계씩 내려가면서 부품을 전개한다. 이 때 동일부품이 모두 같은 단계에 위치하고 있으면 부품전개를 좀 더 능률적으로 할 수 있다.

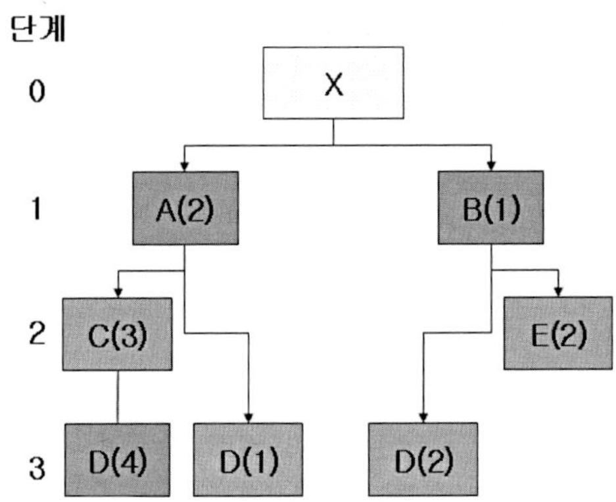

| 그림 2.22 | 저단계코딩

(4) BOM의 형식

[그림 2.23]은 앞에서 예시된 제품 X의 BOM을 보여준 것이다. BOM에는 들여쓰기형과 단단계형의 두 종류가 있다. 들여쓰기형 BOM은 모든품목과 자품목의 관계를 들여쓰기로 나타내는데 들여쓰기는 손자품목, 증손품목으로 계속 이어질 수 있다. 그러나 단단계형 BOM은 들여쓰기를 자품목(차하위품목)까지로 한정한다.

들여쓰기형은 제품구조수와 잘 대응되므로 제품구조를 이해하고 조립순서를 파악하는데 편리하다. 단단계형은 제품구조를 직감적으로 나타내지는 못하지만 컴퓨터처리가 능률적이다. 모든 자품목에는 식별번호가 있으므로 이를 차례로 추적하면 주어진 제품의 자재소요를 빠짐없이 또한 신속하게 산출할 수 있는 것이다.

(a) 들여쓰기형 BOM

단계			
0	1	2	3
X			
	A(2)		
		C(3)	
			D(4)
		D(1)	
	B(1)		
		D(2)	
		E(2)	

(b) 단단계 BOM

단계			
0	1	2	3
	X		
		A(2)	
		B(1)	
	A		
		C(3)	
		D(1)	
	B		
		D(2)	
		E(2)	
	C		
		D(4)	

| 그림 2.23 | BOM의 형식

2.2.3 재고기록파일

(1) 재고기록파일의 내용

재고기록파일은 품목별로 작성되며 해당 품목의 재고상태에 관한 정보가 수록된다. 주요내용은 품목의 총 소요, 예정된 입고, 보유재고, 발주예정 등이며 그 외에 공급자, 리드타임, 로트사이즈, 안전재고 및 재고변동사항 등이 기록된다.

(2) 재고기록파일의 작성

자재명세파일과 마찬가지로 재고기록파일도 고도의 정확성이 요구된다. 재고기록이 정확하지 않으면 생산 활동이 큰 혼란에 빠질 수 있다.

공장에서는 매일 수백, 수천의 품목이 구매, 생산, 입고, 출고, 이동, 조립 및 출하될 수 있다. 이들 거래는 그 하나하나가 품목의 재고상태에 변동을 초래한다. 그러므로 MRP에서는 항시 구매와 생산 활동의 진행을 계속적으로 추적하고 재고변동사항이 발생하면 신속, 정확하게 기록을 수정해야 한다. 재고변동사항은 먼저 재고거래파일에 기록되고 이 기록은 근거로 하여 재고기록파일이 수정된다.

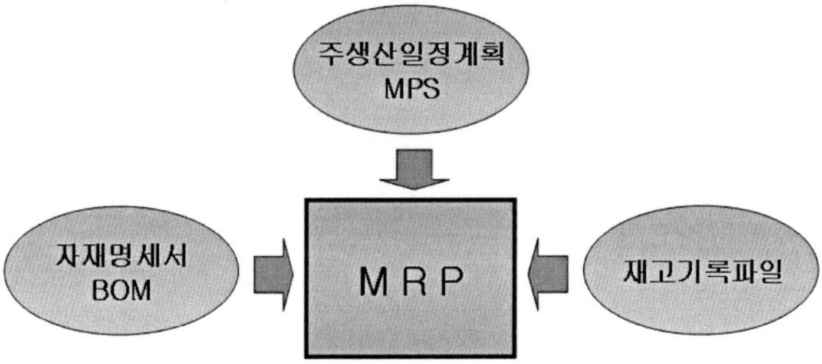

| 그림 2.24 | MRP의 투입정보

2.3 MRP의 처리과정과 출력

2.3.1 MRP의 처리과정

MRP시스템은 생산활동에 소요되는 자재를 원활히 공급하기 위한 자재의 생산/발주계획(MRP계획)을 결정하는 시스템이라 하였다. MRP계획은 일정한 처리과정을 거쳐서 출력되는데 여기서는 MRP의 처리로직과 구체적인 처리과정, 그리고 처리결과로서의 MRP의 출력을 살펴보기로 하자.

(1) 총소요와 순소요의 결정

주일정계획이 확정되면 그것의 자재소요를 산출해야 한다. 자재소요는 총소요와 순소요로 구분된다.

① **총소요**

총 소요란 주어진 생산 활동을 수행하는데 소요되는 품목의 수량을 말한다. 최종제품의 총 소요는 MPS에서 알 수 있고 구성품의 총 소요는 모품목의 생산수량에 모품목 개당 구성품 소요를 곱하여 얻는다. 그러므로 총 소요를 산출 하는데 MPS와 BOM이 필요하다.

② **순 소요**

순 소요란 이미 확보된 가용재고를 총 소요에서 뺀 것으로, 새로이 입수해야 할 수량이다. 순 소요의 산출은 MRP의 주요 특징의 하나이다.

(2) 발주시점의 결정

MRP에서 자재의 발주시점은 최종제품의 완성시점부터 역산하여 도출한다. 즉, 생산의 최종단계에서 최초단계로 거꾸로 진행하면서 각 단계의 종료시점과 개시시점을 정하고 또 그 단계에서 사용되는 자재의 소요시점과 발주시점을 결정하는 것이다.

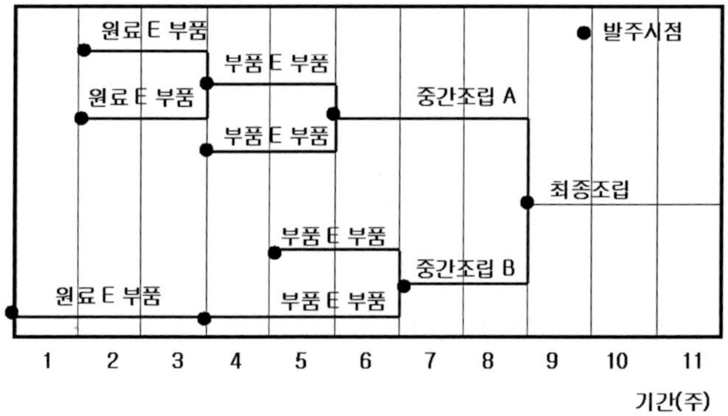

| 그림 2.25 | 어떤 제품의 조립시간 차트

[그림 2.25]는 어떤 제품의 조립시간 차트인데 타임페이징의 원리를 보여준다. 최종제품은 11주말에 완성되어야 한다. 그런데 최종조립의 리드타임은 3주이므로 최종조립은 9주초에 발주되고 중간조립품 A와 B는 이때까지 완성되어야 한다. 나머지 품목의 발주시점도 같은 방법으로 연쇄적으로 결정된다.

(3) 계획주문의 결정

순 소요의 산출과 타임페이징에 의하여 한 품목의 발주량과 발주시점이 결정되면 이것으로 하나의 주문이 형성되는데 이것을 예정부문 또는 계획주문이라 한다. 예정된 시점이 도래하여 계획주문을 실행하는 것을 계획주문발주라 하며 계획주문발주에 의하여 리드타임 경과 후에 자재가 입고되는 것을 계획주문입고라 한다. 계획주문은 어떤 자재가 언제, 얼마가 발주되고 생산되어야 하는가를 예정한 것이므로 MRP의 가장 중요한 출력이라 할 수 있다.

(4) MRP의 처리과정

앞에서는 MRP프로그램의 로직을 설명하였다. MRP프로그램은 이와 같은 로직에 따라 관련 자료를 처리하여 기간별로 모든 구성품의 발주량과 발주일정을 표시한 MRP계획을 출력한다. <표 2.2>는 MRP계획의 양식을 보여주다. 이 양식은 MRP기록표 또는 MRP매트릭스라고도 한다.

〈표 2.2〉 ○○품목의 MRP기록표

			기 간 (주)							
			1	2	3	4	5	6	7	8
품목M LT=3주 LS=1	총소요					300				200
	예정입고			120						
	보유재고	50	50	170	170	0				
	순소요					130				200
	계획주문입고					130				200
	계획주문발주		130				200			

*LT는 리드타임, LS는 로트사이즈를 나타냄

요컨대 MRP처리란 MRP기록표에 따라 계획기간 중의 구성품의 총 소요, 예정입고, 보유재고, 순 소요, 계획주문입고 및 계획주문발주를 체계적으로 결정하는 과정이라 할 수 있다. MRP처리는 제품구조수의 최상위단계에서 시작되어 한 단계씩 내려오면서 최하위단계에 이르기까지 계속된다. 여기서는 MRP기록표의 용어와 계산방법을 정리해 보기로 한다.

① **총 소요**(gross requirements)

주어진 생산계획을 실행하는데 소요되는 품목의 총수량이다. 최종품목의 총 소요는 주일정계획의 생산수량과 같고, 구성품의 총 소요는 모품목의 계획주문발주량에 모품목개당 구성품 소요를 곱한 것과 같다.

② **예정입고**(scheduled receipts)

이미 발주되어 기초에 입고가 예정되어 있는 수량(기발주, 미입고수량)

③ **보유재고**(projected on hand)

기말의 예기되는 보유재고 또는 가용재고로서, 후속기의 소요에 충당할 수 있는 재고.

보유재고 = 전기 보유재고+예정입고+계획주문입고 – 총소요

MRP기록표에서 현시점(1주초)의 보유재고는 1기 보유재고 칸의 바로 왼쪽에 기입 된다.

④ **순 소요**(net requirements)

총 소요에서 예정입고와 전기의 보유재고를 빼고 안전재고를 보탠 것으로, 새로이 입수(발주)되어야 할 수량

순소요=총소요 – 예정입고 – 전기의 보유재고 +안전재고

이 식의 값이 마이너스로 나올 때, 순 소요는 0으로 한다.

이때는 기초에 총 소요+안전재고를 초과하는 충분한 재고(예정입고+전기 보유재고)가 있어 새로이 발주할 필요가 없는 것이다. 안전재고를 보유하지 않는 경우에는 앞 식에서 안전재고의 항을 없앨 수 있다.

⑤ **계획주문입고**(planned order receipts)

순 소요를 충족시키기 위하여 기초에 입고예정 된 수량이다. 대응발주 시에는 순 소요와 일치한다. 한편, 로트사이즈 발주 시에는 순 소요보다 클 수 있으며 이때의 초과분은 동기의 보

〈표 2.3〉 제품 X와 제품 Y의 MRP계획

			기 간 (주)							
			1	2	3	4	5	6	7	8
제품X LT=1주 LS=1	총소요									100
	예정입고									
	보유재고	0	0	0	0	0	0	0	0	0
	순소요									100
	계획주문입고									100
	계획주문발주								100	
제품Y LT=2주 LS=1	총소요							200		
	예정입고									
	보유재고	30	30	30	30	30	30	0	0	0
	순소요							170		
	계획주문입고							170		
	계획주문발주					170				
부품A LT=3주 LS=1	총소요								200	
	예정입고									
	보유재고	80	80	80	80	80	80	80	0	0
	순소요								120	
	계획주문입고								120	
	계획주문발주					120				
부품B LT=2주 LS=200의 배수	총소요					170			300	
	예정입고		200							
	보유재고	0	200	200	200	30	30	30	130	130
	순소요					0			270	
	계획주문입고								400	
	계획주문발주						400			
부품C LT=3 LS=300	총소요					680				
	예정입고			300						
	보유재고	150	150	450	450	70	70	70	70	70
	순소요					230				
	계획주문입고					300				
	계획주문발주		300							

유재고에 추가된다. 반대로 순 소요가 로트사이즈보다 클 때는 보통 순 소요만큼 발주한다. 계획주문입고는 아직 발주되지 아니한 계획주문의 입고라는 점에서 예정입고와 구별 된다.

⑥ **계획주문발주**(planned order release)

계획주문의 실행(발주)을 의미한다. 계획주문입고 시점에서 리드타임을 차감한 것이 발주시점이 되며, 발주량은 계획주문입고량과 같다. 일단 계획주문이 발주되면 그것은 예정입고가 되어, 그 수량은 계획주문입고와 계획주문발주에서 빠지고 예정입고에 추가 된다. 한 품목의 계획주문발주는 자품목의 총소요를 발생케 한다. 즉, 한 품목의 생산이 개시되려면 그것의 자품목이 준비되어 있어야 하는 것이다.

2.3.2 MRP의 출력(MRP outputs)

MRP처리의 결과로서 출력되는 것은 <표 2.3>과 같은 각개 품목의 자재소요계획(MRP기록표)이다. 이들 자재소요계획을 원천자료로 하여 여러 가지 보고(정보)가 출력 될 수 있다. 이들 보고는 필수적인 성격의 주요보고와 보조적 성격의 부차적 보고로 구분할 수 있다.

(1) **주요보고**(primary reports)

① **계획주문**

계획대상기간 중에 발주될 모든 품목의 구매주문이나 생산주문의 발주일정과 발주량을 명시한 자재발주계획서이다. 앞으로의 생산/구매활동의 지침이 된다.

② 주문발주

예정된 계획주문의 발주시점이 도래하였을 때 해당품목의 발주를 지시하는 문서이다.

외부구매품목에 대해서는 구매주문, 내부생산품목에 대해서는 생산주문이 발주되어 구매/생산 활동이 개시된다.

③ 변동사항보고

기존 자재소요계획의 변동사항(납기, 발주량, 발주일정의 변동)이 보고된다.

(2)부차적 보고

① 성과통제보고

MRP의 운영성과(실적)에 관한 평가 자료를 제공한다. 자재의 생산/구매원가, 생산수량, 재고회전율, 납기준수율, 재고품절 회수 등을 계획과 대비하여 보여준다.

② 계획자료보고

미래의 자재/재고계획을 위한 자료가 보고된다. 확정된 구매계약, 품목별 수요예측과 재고 예측, 장기자재소요 등이 포함된다.

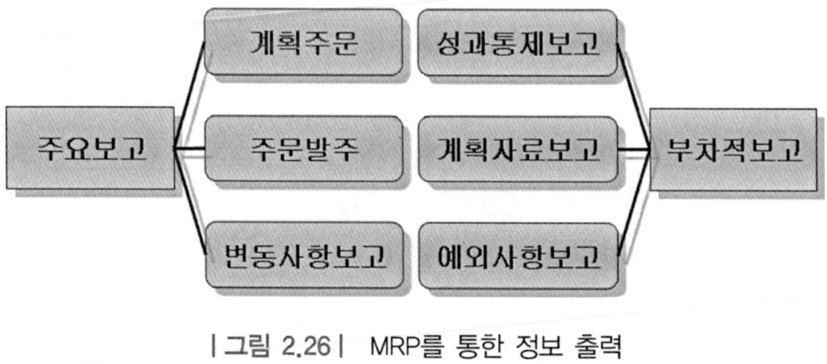

| 그림 2.26 | MRP를 통한 정보 출력

③ 예외사항보고

주문취소, 납품지연, 불량률상승, 재고품절 등 관리자의 주의를 요하는 예외적 상황의 발생을 보고한다.

이 외에도 MRP시스템은 다양한 정보를 내장하고 있으므로 관리자는 필요에 따라 원하는 정보를 출력시킬 수 있다. 예컨대 MRP시스템은 시스템의 부분적 변동(특정부품의 생산일정 변경 등)이 시스템의 다른 부분에 어떤 영향(재고부족, 납품지연 등)을 미치는가를 보여줄 수 있는 것이다.

2.4 MRP운용상의 주요문제

2.4.1 로트사이즈의 결정(lot sizing)

MRP처리과정에서 품목의 순 소요가 산출되면 다음으로 그 발주량(로트사이즈)을 결정해야 한다. 로트사이즈의 결정은 생산/구매일정과 재고비용에 영향을 미치는 중요한 결정이다.

수요가 안정된 독립수요품목은 EOQ나 EPQ를 사용하여 최적 로트사이즈를 발견할 수 있다. 그러나 종속수요품목인 자재는 최적 기법이 따로 존재하지 않아 각종 기법이 다양하게 사용되고 있다.

| 그림 2.27 | 로트사이즈의 결정기법

(1) 대응발주법(lot-for-lot, LFL, L4L)

로트대로트발주라고도 하며 매기에 순 소요만큼 발주하는 방법이다. 필요한 수량(순 소요)만큼만 발주하므로 재고가 최소화된다. 하지만 발주회수가 많고 발주량이 매번 변동한다. 상위단계품목, 고가품목, 소량주문생산품목 및 발주비가 적은 품목에 적합하다.

(2) 고정발주량법(fixed order quantity , FOQ)

지정된 일정한 수량으로 발주하는 방법이다. 때로는 지정된 발주량이 순 소요보다 적을 수 있다. 이때는 순 소요만큼 발주하거나 지정된 발주량의 배수로 발주하여 재고부족이 발생하지 않도록 한다. 발주량을 고정시키는 것은 여러 가지 이유가 있을 수 있다.

- Ⅰ 기술적, 원가적 차원에서 최적의 로트사이즈가 따로 존재할 때
- Ⅱ 시설이나 장비의 용량에 맞추어 구매/생산하는 경우
(한 트럭분, 한 batch분)
- Ⅲ 가격할인을 적용 받기 위하여 지정된 수량으로 발주하는 경우
- Ⅳ 공급자가 일정한 수량 이상으로만 공급하는 경우.

FOQ에서는 자투리재고가 발생할 수 있다. 자투리란 일종의 이월재고로서 이월된 기간의 총 소요에 미달되는 재고를 말한다. 자투리가 발생하는 것은 발주량이 소요량 또는 연속된 기간의 누적 소요량과 정확히 떨어지지 않기 때문이다. 자투리재고는 재고수준을 높이는 결과를 초래한다.

(3) 경제적발주량법(EOQ)

EOQ는 고정발주량법(FOQ)의 한 형태이다. EOQ는 수요가 안

정된 독립수요품목에는 적합하지만 종속수요품목에 적용할 때는 변동하는 수요에 상응하여 발주량을 조절하지 못하므로 재고수준이 높아진다. 그러나 종속수요품목 중에도 수요가 안정된 것 (공통부품 등)에는 EOQ를 적용할 만하다.

(4) 기간발주량법(period order quantity, POQ)

일정한 발주간격으로 발주하되 앞으로의 발주간격기간 중의 순소요만큼 발주하는 방법이다. 예를 들면 발주간격을 3주로 정하고 매번 앞으로의 3주간의 순 소요만큼 발주 하는 것이다. 발주량이 누적된 순 소요와 맞아떨어지므로 자투리가 발생하지 않는다.

일반적으로 발주간격은 경제적 주문발주량(EOQ)을 기간 당 평균수요 D로 나누어 얻는다. 즉, 경제적 발주량에서 경제적 발주간격을 도출하는 것이다. 발주간격은 고정되지만 발주량은 변동한다. 대응발주법(LFL)은 발주간격이 1기인 POQ의 특수한 경우라 할 수 있다.

(5) 부품기간법(part-period method)

EOQ와 마찬가지로 발주비와 재고유지비를 같게 하는 발주량이 총비용을 최소화한 다는 원리를 이용한 방법으로 일명 부품기간균형법(PPB)이라고도 한다. 그런데 PPB는 수요가 변동적일 때 그에 따라 발주량이 조절되므로 EOQ에 비하여 재고가 적어진다.

(6) 로트사이즈기법의 비교

부품 J의 결과를 비교하면 <표 2.4>와 같다. 이 결과는 대체로 다음과 같이 요약할 수 있을 것이다(다만 총비용은 주어지는 데이터에 따라 변동할 수 있으므로 절대적인 우열의 기준이 될 수 없다).

I
LFL
재고수준을 최소화하지만 그 대신 발주회수가 가장 많다.

II
EOQ
LFL보다 발주회수는 적지만 재고수준이 높다. (자투리재고가 발생)

III
POQ,PPB
LFL보다 발주회수가 적다. 재고수준이 EOQ의 경우보다 낮다.

〈표 2.4〉 ○○부품과 관련된 로트사이즈기법의 비교

	주간평균보유재고	발주회수	총비용
대응발주(LFL)	0 / 10(주)	9회	360,000원
경제적발주량(EOQ)	1,150 / 10 (주)	5회	430,000원
기간발주량법(POQ)	410 / 10(주)	5회	282,000원
부품기간법(PPB)	890 / 10(주)	4회	338,000원

2.4.2 불확실성과 안전재고

생산과 구매활동에는 언제나 불확실성이 따른다. 수요가 변동하고 부품생산이 지연되며 제품품절이 발생할 수 있다. 이와 같은 수요/공급의 불확실성과 재고 품절에 대비하기 위하여 MRP에서는 안전재고, 안전리드타임, 리드타임관리 등의 방법이 이용된다.

(1) 안전재고

안전재고는 수요/공급의 불확실성에 대비하여 보유되는 여분의 재고이다. 독립수요 품목은 안전재고를 보유하는 것이 보편화되어 있으나. MRP에서는 논란의 여지가 있다. MRP시스템은 수요/공급의 변화에 민첩하게 적응할 수 있으므로 안전재고가 필요 없다는 주장이 있는가 하면, MRP시스템도 어느 정도의 안전재고는 불가피하다는 주장도 만만치 않다.

(3) 리드타임관리

리드타임의 관리란 자재구입과 부품생산에 있어서의 리드타임의 변동과 불확실성을 제거하거나 최소화하려는 체계적인 노력을 의미한다. 공급자의 엄선, 현장작업통제의 강화 등은 그 구체적인 실천방안이라 할 수 있다.

안전재고나 안전리드타임은 알고 보면 단기적인 미봉책이라 할 수 있다. 그것보다는 불확실성의 원인을 제거하여 그것의 발생을 원천적으로 봉쇄하는 것이 더 근원적인 대책이 될 수 있다. 이와 같은 광범한 문제의 근원적 해결을 위해서는 JIT생산이나 총체적 품질경영(TQM)과 같은 개혁시스템의 도입이 도움이 될 것이다.

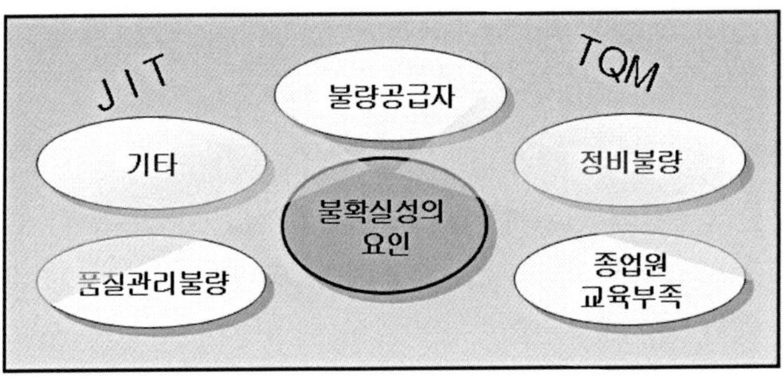

| 그림 2.28 | 불확실성의 요인

2.4.3 재생적시스템과 순변동시스템

시간의 경과에 따라 MRP시스템에는 주문의 접수와 변경, 자재입고와 완성품출고, 부품생산의 지연 등 새로운 상황과 변동이 발생하는데 이에 따라 MRP계획도 갱신되어야 한다. MRP계획을 갱신하는 방식에는 재생적 시스템과 순변동시스템의 두 가지가 있다.

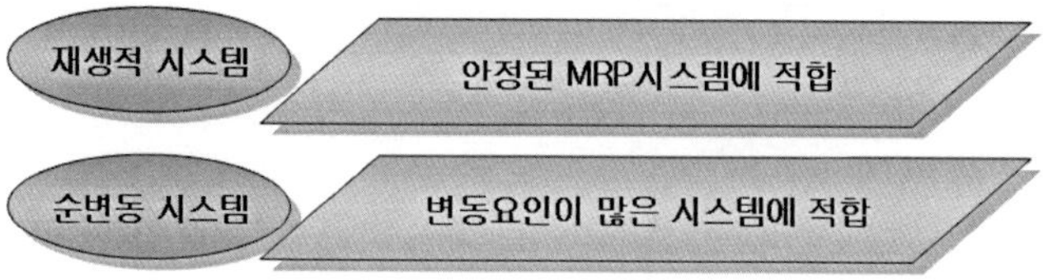

그런데 순변동시스템은 운용이 복잡하여 그것보다는 사용이 간편한 재생적 시스템이 많이 보급되어 있다.

2.4.4 능력소요계획(Capacity Requirements Planning: CRP)

시스템의 생산능력을 고려하지 아니한 MRP계획은 실현성이 낮고 생산지연과 재고누적을 초래한다. 생산 활동에는 자재뿐만 아니라 생산능력도 필요한 것이다. 예정된 주일정계획(MPS)과 MRP계획을 뒷받침할 수 있는 생산능력의 유무를 검토하고 그에 따른 필요한 조치를 취하는 계획 활동을 능력소요계획(CRP)이라 한다.

(1) 능력소요계획의 과정

[그림 2.29]은 CRP의 과정을 보여준다. MPS가 주어지면 이것은 MRP처리를 거쳐 자재소요로 전환되고, 자재소요는 CRP를 거쳐 능력소요로 전환된다. 즉, CRP에서는 자재소요를 근거로 하여 작업장의 능력소요(필요한 노동시간, 기계시간)를 산출하고 이를 부하보고로 출력하는 것이다. 부하보고에는 작업장의 가용생산능력과 능력소요가 대비되어 MPS의 실현성을 판단하는 자료가 된다. 이와 같은 실현성 검증과 그에 따른 조정의 과정을 거쳐 잠정적인 MPS는 최종적인 MPS로 확정된다.

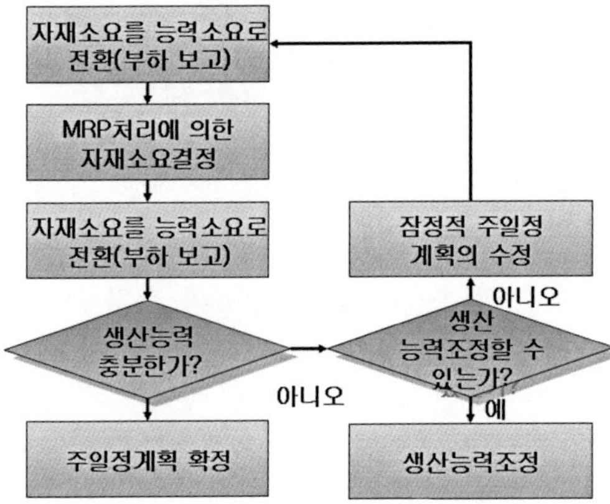

| 그림 2.29 | 능력소요계획의 과정

(2) 작업장 부하

<표 2.5>은 작업장의 부하량을 산출하는 방법을 보여준다. 이 계산을 위해서는 제품의 경유작업장, 작업준비시간, 개당 가공시간 등의 자료가 필요한데 이들은 공정절차파일에서 얻는다. B작업장의 예에서 제 6주에 3개의 작업이 할당되었는데 이것은 87.5시간(표준노동시간 또는 표준기계시간)의 작업이 부하되었음을 의미한다.

〈표 2.5〉 B작업장의 부하계산

주	작업번호	(1) 수량	(2)작업 준비시간	(3)개당 가공시간	(4)총작업시간 =(2)+(1)x(3)	주간 총시간
6	240	150	4.0	0.25	41.5	
	262	200	2.5	0.20	42.5	
	253	100	1.0	1.00	0.10	95.0
7	227	200	5.0	0.30	65.0	
	221	150	3.4	0.25	40.9	
	275	200	3.0	0.15	33.0	138.9
8	242	100	2.0	0.22	24.0	
	251	200	3.0	0.15	33.0	
	293	100	1.0	0.16	17.0	
	267	100	1.5	0.20	21.5	95.5

[그림 2.30]은 B작업장의 부하도이다. 여기에는 착수된 계획주문(작업)과 예정된 계획주문(작업)으로부터 발생하는 부하량이 표시되었다. 도표의 제 6,7,8주 부분에서는

<표 2.5>의 부하계산의 결과를 확인할 수 있다. 관리자는 부하도를 보고 MRP계획의 문제점을 발견하고 그 실현성을 판단하게 된다. 예컨대 제4주와 제7주에는 부하량이 생산능력(100)을 초과하고 있음을 발견할 수 있다.

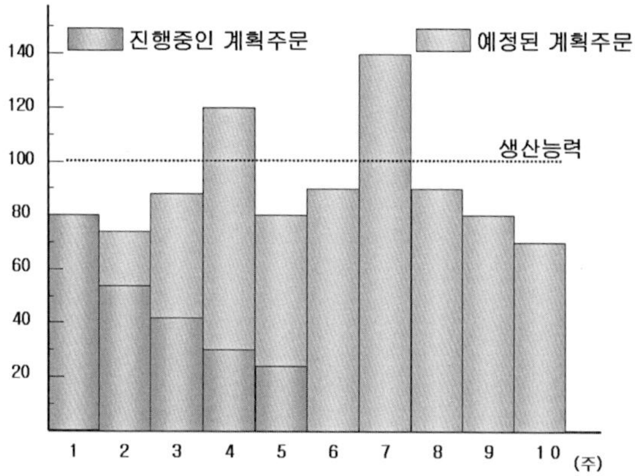

| 그림 2.30 | B작업장의 부하도

(3) CRP의 생산능력조절방법

CRP의 과정에서 문제점을 발견되면 이에 대한 대책을 세워야 한다. 전반적으로 능력소요에 비하여 가용생산능력이 부족한 경우에는 생산능력을 확장해야 한다. 이를 위해서는 잔업, 2·3교대제, 하청, 인력증원, 예비설비의 사용 등의 방법이 있다. 생산능력의 확장(또는 축소)이 불가능하거나 비경제적일 때는 주일정계획의 수정을 고려해야 한다.

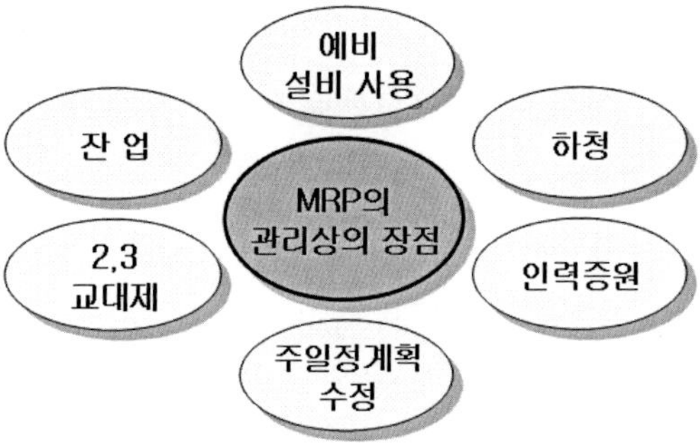

| 그림 2.31 | 생산능력의 확대 방법

2.5 MRP의 장단점과 효과

2.5.1 MRP의 장점

종속수요품목의 관리시스템으로서 MRP는 전통적인 생산계획/재고관리시스템과 비교할 때 다음과 같은 장점을 찾아볼 수 있다.

(1) 자재소요의 정확한 예측

MRP에서는 확정된 생산계획으로부터 자재소요를 산출하기 때문에 정확도가 높다. 자재소요를 통계적 예측기법에 의하여 예측할 때는 상당한 예측오차가 발생할 수 있다.

(2) 생산능력계획과의 연계성

MRP는 CRP에 필요한 정보를 제공해 준다. MRP의 생산/발주계획이 주어지면 이를 사용하여 생산능력소요를 산출할 수 있고 그 결과 생산능력부족, 과소부하 등 문제점을 미리 발견하여 대책을 세울 수 있다.

(3) 구매/생산 활동의 현황파악

MRP계획을 보면 모든 품목과 주문의 현황(보유재고, 입고예정, 발주일정)을 한 눈에 알 수 있다. MRP시스템은 언제나 최신상태로 유지되므로 실제상황을 정확하게 알 수 있다.

(4) 고도의 동태성과 신축성

생산 환경에는 수시로 변동(주문취소, 디자인변경, 자재지연)이 발생한다. MRP는 계획의 한 부분이 변동하면 전산화된 데이터베이스를 통하여 모든 관련부분을 추적하여 수정한다. 예컨대 한 품목의 생산계획이 변경되면 관련된 구성품의 생산/발주계획도 연쇄적으로 수정되는 것이다.

| 그림 2.32 | MRP의 장점

2.5.2 MRP의 문제점

MRP는 현실과 잘 부합되지 않는 부분이 있다. 이와 관련하여 실무자와 전문가들의 지적하는 MRP의 문제점은 다음과 같다.

(1) MRP는 자재소요를 우선적으로 고려하고 생산능력은 나중에 고려한다. 그 결과 MRP계획은 여러 차례의 수정을 거쳐서 확정되는데 이것은 너무 시행착오적이며 비능률적이다.

또한 일부 업종에서는 자재 보다는 한 공정(기계)의 사정에 의하여 생산이 좌우되는 경우가 있다. 이런 상황에서는 당연히 자재소요보다 공정의 사정(생산능력)을 우선적으로 고려해야 할 것이다.

(2) MRP에서 리드타임은 고정된 것으로 취급된다. 이것은 곧 로트사이즈는 언제나 일정하거나 리드타임과는 무관하다고 가정하는 것과 마찬가지이다. 그러나 현실에서 로트사이즈는 변동할 수 있고, 또 로트사이즈가 변동하면 리드타임도 변동할 수 있다. 또한 리드타임은 생산능력의 유무와 작업의 우선순위에 따라 변동할 수 있다. 인력이 부족할 때, 덜 급한 작업은 뒤로 밀리어 리드타임이 길어질 수 있는 것이다. 실제로 생산현장의 일정관리가 잘 안 되는 것은 리드타임의 변동성이 그 중요한 원인이 하나라 할 수 있다.

(3) MRP는 현황파악, 기록, 보고 등의 잡무가 많아 번거롭다. MRP에서는 모든 주문의 진행상황을 계속 추적하고 기록하고 보고하여야 한다. 또 문제가 있으면 즉각 계획을 수정해야 한다. 이와 같은 기록과 보고업무는 다품종소량생산업체에는 큰 부담이 될 수 있다. 때로는 기록 작성에 빼앗기는 시간이 제품가공에 소요되는 시간과 맞먹을 수 있다. 바코드의 사용에 의하여 이 문제는 다소 완화되었으나 완전히 해결되지는 못하였다.

2.5.3 MRP의 효과

MRP시스템을 도입한 많은 회사에서 고객서비스의 향상, 재고감축, 원가절감 등의 효과를 얻을 수 있었다. <표 2.6>은 MRP도입의 효과를 좀 더 상세하게 보여준다.

(1) 고객서비스의 향상

MRP에 의하여 납기가 단축되고 납기준수율이 높아진다. MRP는 이행 가능한 납기를 제시해주며 이 납기가 지켜질 수 있도록 생산/구매계획을 조절한다. 고객에게 약속한 납기는 MRP시스템의 목표치가 되고 시스템은 이에 맞추어 생산/구매일정을 조절하는 것이다.

〈표 2.6 I〉 MRP시스템 도입의 효과

1. 고객서비스의 향상(납기단축, 납기준수율의 향상)
2. 재고수준의 하락(자재, 제공품, 완제품 재고의 최소화)
3. 생산원가의 감소(노무비, 자재비, 간접비의 감소)
4. 자재부족, 자재공급의 지연, 자재혼돈의 최소화
5. 공장가동률의 향상(인력/설비의 유휴시간 감소)
6. 생산능력의 효과적 조정과 배분 (작업부하의 편준화, 잔업의 감소)
7. 과업의 우선순위를 알 수 있다 (독촉해야할 과업과 늦추어야할 과업

(2) 재고의 감축

전통적인 정량발주시스템에 의하여 자재를 발주하는 경우를 보자. 재고수준이 발주 점에 도달하면 무조건 발주하므로 자재의 입고순간부터 최소한 발주량만큼의 재고가 존재하게 된다. 그러다가 생산시점이 되면 자재는 생산에 투입되므로 재고수준은 뚝 떨어진다. 로트나 배치(batch)단위의 생산에서 제품의 생산기간은 간헐적으로 설정되므로 재고는 [그림 2.33]의 (a)와 같이 높은 수준으로 오래 유지되다가 잠깐 낮은 수준으로 떨어지는 사이클을 반복하게 된다.

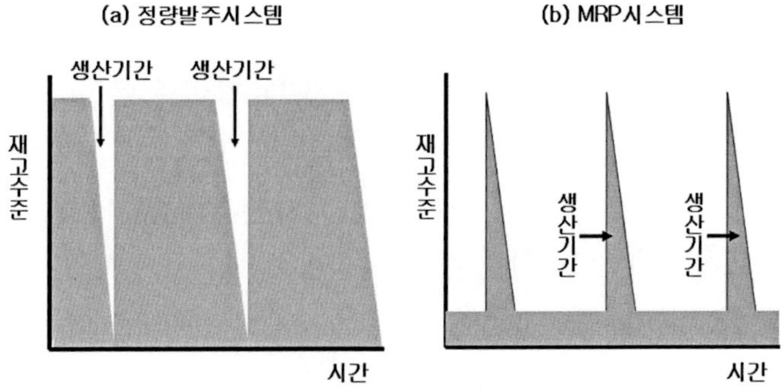

| 그림 2.33 | 정량발주시스템과 MRP시스템의 재고사이클

이번에는 MRP를 적용하는 경우를 보자. 이때는 생산시점에 맞추어 자재가 도착하도록 발주시점이 결정된다. 자재는 필요한 시점에 필요한 시점에 필요한 수량만큼 도착하므로 재고가 최소화된다. 재고 사이클은 [그림 2.33]의 (b)와 같이 저수준이 오래 지속된 끝에 잠시 고수준이 이어지는 모습이 되고 평균재고수준은 크게 감축된다.

(3) 생산 원가절감

생산현장에는 적시에 자재가 공급되므로 재고가 감소되고, 자재의 공급지연으로 인한 생산 중단이 최소화되고 현장의 가동률과 생산능률이 향상된다. 또한 생산능력이 효과적으로 배분되므로 잔업이나 과소부하가 최소화된다. 이 모든 것은 노무비, 자재비, 시설비, 간접비 등의 감축으로 이어 진다

03 구매기능

CHAPTER

3.1 구매 관리의 기초 개념

3.1.1 구매의 개념

(1) 구매의 정의

제조업체가 생산 활동이나 영업활동에 필요한 설비나 원재료, 부품 등의 자재를 조달하거나 유통업체로부터 판매하기 위한 물품을 구입하는 등의 조달활동을 구매라고 한다.

또한 외부로부터 서비스(용역)를 취득하는 것도 구매에 포함시킨다.

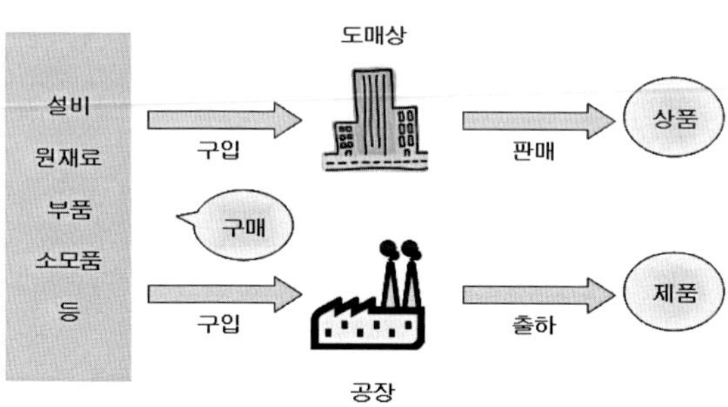

| 그림 3.1 | 구매란

(2) 구매품

통상 구매활동으로 구입한 물품이나 서비스는 구입품 또는 구매품이라고 하며, 일반적으로 구입할 때의 상태에 따라 완제품, 시판품, 표준 규격품, 외주품, 서비스 등으로 나눈다.

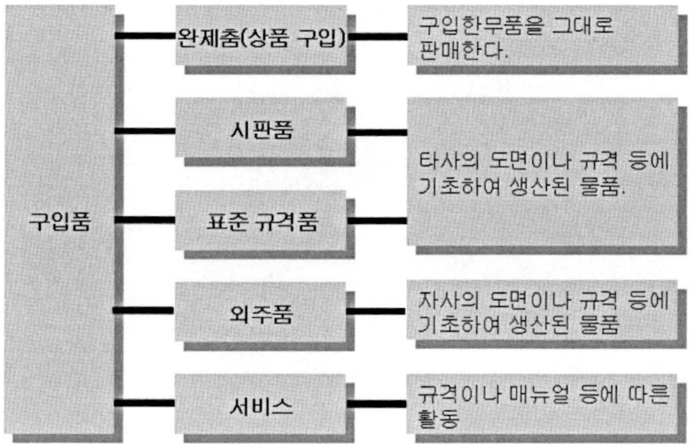

| 그림 3.2 | 구매품의 상태

또한 이들을 효율적으로 공급하기 위해서는 구입품을 분류해 놓고 분류 내용에 따라 구매 방식을 바꿔 가며 타사보다 유리하게 구입할 수 있도록 해야 한다.

- **형상에 따른 분류** : 원재료, 반제품, 완성구입품 등
- **조달방법에 의한 분류**
  - 조달처에 의한 분류 : 표준 구입품, 외주품, 자체 생산품
  - 재고방식에 의한 분류 : 상비품, 비상비품 등
  - 원가 비용에 의한 분류 : 주재료, 보조재료
  - 기타 : 지급품, 자급품

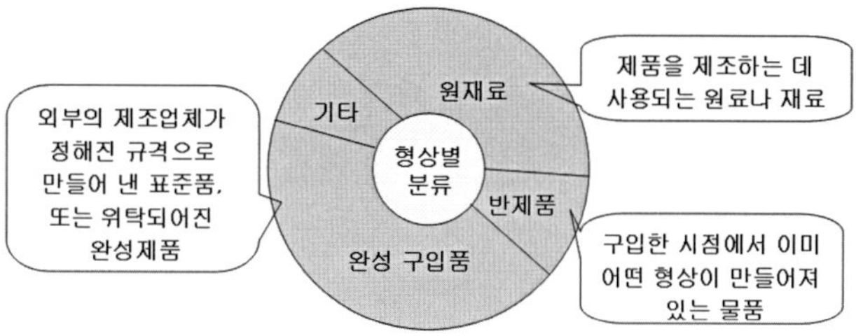

| 그림 3.3 | 형상별로 본 분류

조달처에 의한 분류

표준 구입품 자체 생산품
외주품

재고 방식에 의한 분류

상비품 인수품
비상비품

원가 비용 명세에 의한 분류

주재료
보조 재료

기타

지급품 완성품
자급품 반제품

| 그림 3.4 | 조달 방법에 의한 분류

원재료	부품	완성품
소모품	기계·설비류	기타
가구 비품류	치공구류	
각종 사무용품	각종 서비스	

| 그림 3.5 | 사용 목적별 분류

(3) 구매와 아웃소싱의 차이점

기업 간 경쟁이 격화되면서 많은 기업들이 제한된 경영 자원을 최대한으로 활용하기 위해 외부의 전문 기업에 일정업무를 위탁하는 것을 아웃소싱이라고 한다.

가장 큰 특징은 구매가 물품이나 서비스를 구입하고, 발주하는 시점에서 조직이 원하는 사양을 모두 상대에게 전달할 수 있다. 따라서 구매에서는 상대의 프로세스를 통제할 필요가 없는데 비하여, 아웃소싱에서는 통제가 필요하다.

〈표 1.1〉 구매와 아웃소싱의 차이점

	구 매	아 웃 소 싱
성 질	물품이나 서비스의 구입	업무 자체의 외부위탁
행 위	밖에서 들어온다	밖으로 나간다
특 징	발주하는 시점에서 조직이 바라는 사양을 모두 상대에게 전할 수 있다	위탁하는 시점에서는 조직이 바라는 사양 전부를 전할 수 없다
상대 프로세스에 대한 통제	필요 없음	필요함
대표 예	완성 구입품	설계업무
상기 예의 ISO취급	7.4 구매	7.3개발 설계
거래처	ISO 적용 제외 가능	ISO적용 제외 불가능

3.1.2 구매 방법

(1) 구매요구

기업에 있어서 구매를 담당하는 부서 자체의 취급자가 개인의 필요에 의해 자재를 구입하는 것은 아니다. 각 부서에서 필요로 하는 수요량의 요구에 따라서 구매를 하게 된다. 구매 담당자에 대한 구매요구는 다음과 같다.

- 상비 재고자재의 보충 요구
- 제조계획설정에 따른 자재 요구
- 시장상황에 따른 자재요구

등의 요구에 의하여 구매를 실시하게 된다. 구매부문에서는 요구를 받아 구매계약을 맺고 발주 하게 된다.

(2) 매 경우마다의 구매(당용구매)

일반적으로 필요부문이 발생 시에만 요구를 받고, 당면한 필요량만을 구매하는 당용구매가 행해진다. 또 개별수주 제품의 제조에 대한 소요자재는 제조계획에 따라 구매요구가 실시된다. 이런 경우에도 그 때의 구매에 의한 것으로 실시됨을 의미하는 것이다.

(3) 장기계5매

기업의 장기적인 생산계획수립에 따라 산출된 소요자재로 그 기간 중에 소요수량을 예정가격으로 하거나 계약당시에 가격을 고정하는 계약구매나 그 기간 중에서의 예정수량을 예정가격으로 계약을 하지만, 실제로 납입된 수량을 확인하여 가격을 예정하는 예정수량총구매가 실시된다.

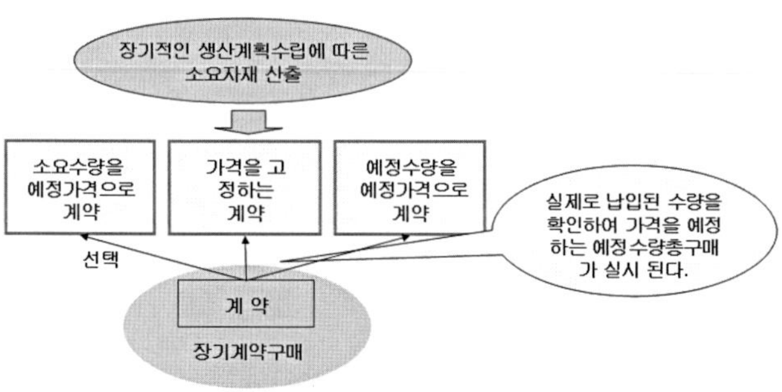

| 그림 3.6 | 장기계약 구매

이 중 어느 것이나 계약이 장기간에 걸쳐서 이루어지는 것으로 이를 장기 계약구매라고 한다.

(4) 일괄구매

일반적으로 기업의 소모품 등으로 사용량은 적으나 여러 가지 품종이 많은 것은 개별적으로 발주하지 않고 일정의 품종별로 분류하여 거래처를 선정하고 필요할 때마다 납입시켜 3개월별로 납입금을 모아 사후계약형식을 취하는 것이 일괄구매이다.

(5) 투기 구매

시장상황에 따른 요구에 입각한 구매는 원재료비가 전지출액의 50% 이상 되는 섬유업계 등에서 행해진다. 제조계획과는 직접 관련시키지 않고 어떤 경우에는 매입자재를 전매하는 일도 고려될 수 있다.

시장상황이 유리한 시점에서 구매를 행하는 것이 투기구매이다. 이 경우에는 제조용의 자재보다도 상품으로서의 구입이 되며 구매담당부문의 직접적인 책임으로 이루어지지 않고 재무부문과의 공동책임하에서 최고경영자의 지시로 행동되는 것이 보통이다.

(6) 시장구매

연간 예측되는 필요수량을 확보하여 기업의 생산계획에 따라 구매는 실시하더라도 분명히 시장상황으로 보아 유리한 구매가 가능한 경우에는 제조계획의 구체적 수립을 기다리지 않고 실시하는 시장구매가 있다. 생산계획을 전제로 하여 볼 때 투기구매와는 구별해야만 한다. 단, 시장구매의 실시에는 재무부문·제조부문과의 사전연락을 해야 한다.

(7) 대량구매

필요로 하는 자재량을 한 번에 구매하는 방법으로서 수량할인을 받을 수 있다는 점에서 타구매 방법보다는 유리할 수 있다. 그러나 수요예측이 잘못된 경우에는 재고의 자연마모나 재고투자가 증가하여 자본의 고정화로 인한 자본운용상의 손실을 초래할 우려가 크다.

(8) 계획구매

기업의 생산계획이나 조업계획에 따라 필요로 하는 자재를 일정한 계획에 따라 구매함으로써, 어느 수준의 자재재고, 즉, 안전재고를 유지하려고 하는 구매방법이다.

이때에는 자재발주로부터 입하될 때까지의 소요량과 임시수요에 대비한 1개중의 예비 자재를 최고재고량으로 하고 이보다 재고가 적어지게 되면 구매를 시도하게 된다. 그러므로 생산의 정규적 구매가 이루어져 재고는 언제나 안전재고량이 확보되어 조업에 지장이 없으며, 따라서 수요가 다소 증가된다 하더라도 항상 낮은 재고를 가지고도 효율적인 운용의 차가 될 수 있기에 합리적이라 할 수 있다.

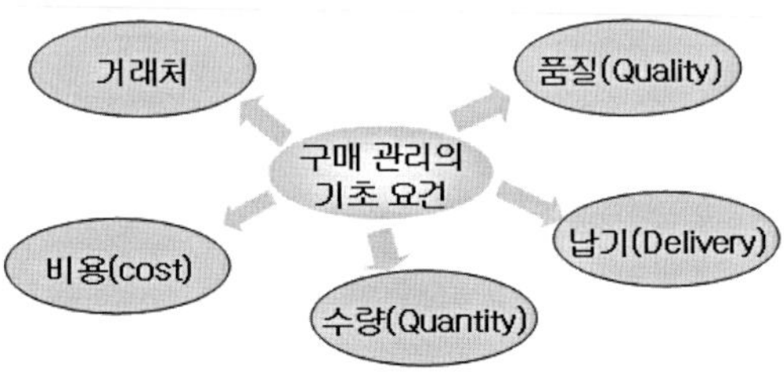

| 그림 3.7 | 구매관리의 기초 요건

3.1.3 구매 관리의 정의

구매 관리란 기업이 생산 계획을 달성하기 위해, 해당 부문이 요구하는 QCD(품질, 수량, 비용, 납기)를 만족시키는 자재를 적절한 거래처로부터 필요한 수량만큼 입수하기 위한 관리 활동이다.

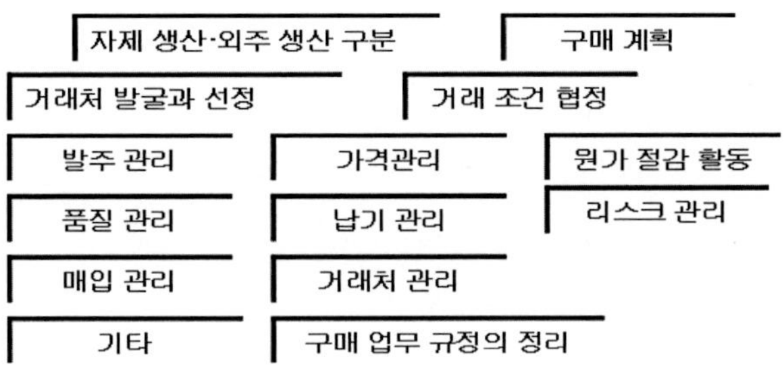

| 그림 3.8 | 구매관리에서 하는 내용

3.1.4 구매 관리의 기능과 역할

구입품이나 거래처에 관한 관리를 효율적으로 통합하고 기업 활동이 원활하게 될 수 있도록 회사 전체나 구매 부문을 지원하기 위해 다음과 같은 기능이 필요하다.

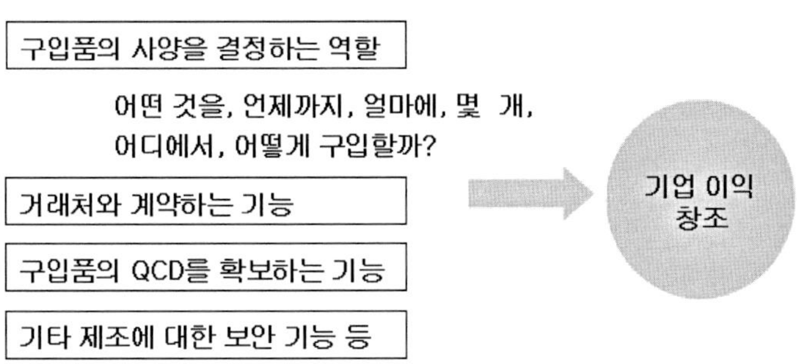

| 그림 3.9 | 구매 업무의 역할

- 구입품의 사양을 결정하는 기능
- 거래처 선정과 계약하는 기능
- 구입품의 QCD를 확보하는 기능

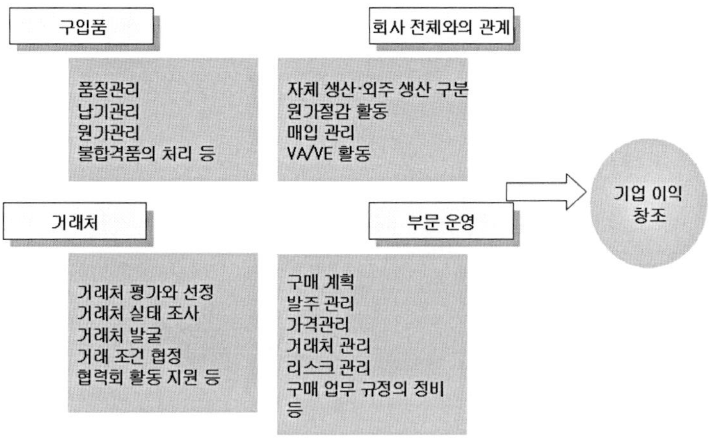

| 그림 3.10 | 구매 관리의 4가지 기능

3.1.5 구매 관리의 대상

구매 관리의 대상은 생산 활동이나 영업활동에 공급하는 구입품의 QCD에 관한 관리, 구매과정에 대한 관리, 거래처의 경영 상황 등에 관한 관리, 구매시스템의 관리 등, 구매에 관한 거의 모든 것이 구매 관리의 대상에 포함된다.

① 구입품 QCD의 관리

생산 활동이나 영업활동에 공급하는 원재료, 부품, 완제품, 포장재, 곤포재, 생산 설비, 치공구, 기구비품, 사무용품, 티켓류 등 구입의 QCD를 관리하는 것이다.

② 구매과정 관리

구매대상(원재료, 부품), 구매주체(거래처), 구매방법(지불조건) 등을 관리하는 것이다.

③ 거래처의 경영 상황 관리

구입품을 계속적으로 안정되게 구입하기 위해 필요한 거래처 관리를 말한다.

④ 구매시스템 관리

구매 부문 내부시스템을 충실하게 하여 자사의 생산 활동이나 영업활동을 원활하게 하는 활동이다

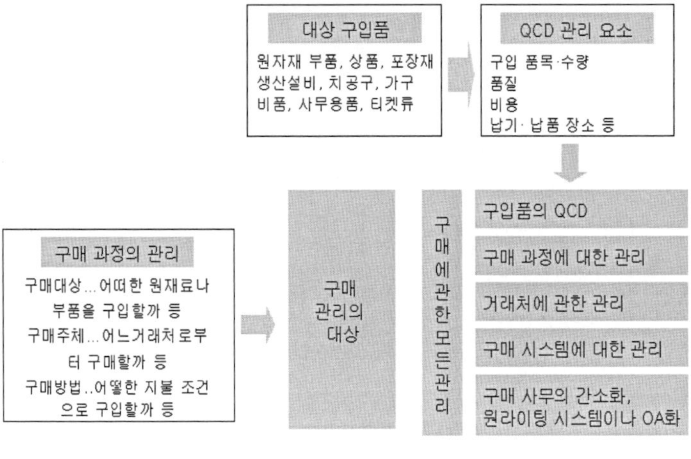

| 그림 3.11 | 구매 관리의 대상

3.1.6 구매 관리 체계

구매 관리 체계는 그 기능이나 업무 내용 혹은 업무의 흐름 등을 세분해서 보면 이해하기 쉽다.

① 기능면

회사전체에 관계된 내용, 부문 운영에 관한 내용, 구입품에 관한 내용, 거래처에 관한 내용 등으로 체계화 할 수 있다.

② 업무 내용면

구입품의 QCD에 관한 내용, 구매업무에 관한 내용, 거래처 관리에 관한 내용 등으로 체계화 할 수 있다.

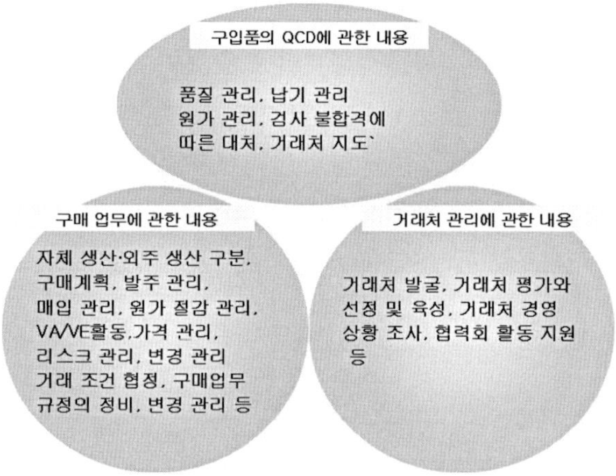

| 그림 3.12 | 업무 내용에 따른 체계

③ 업무의 흐름에 따른 체계

- 계획업무 : 구매정책, 자체생산·외주생산 구분, 구매계획 등
- 발주업무 : 거래처 선정, 가격 결정, 발주관리, 거래처발굴 등
- 매입업무 : 납기독촉, 매입관리 등
- 전반적인 업무 : 원가 절감 활동, VA/VE활동, 가격 관리, 리스크 관리, 거래 관리, 구매 업무규정 정비 등

계획 업무	계획 업무	매입 업무	전반적인 업무
구매 정책 외주 방침 자체 생산· 외주 생산 구분, 구매 계획 등	구매 정책 외주 방침 자체 생산· 외주 생산 구분, 구매 계획 등	납기 도촉(납기 관리 시스템), 매입관리, 불합격품 관리 등	원가 절감 활동 VA/VE 활동 가격 관리 리스크 관리 거래 조건 협정 구매 업무 규정 정비 등

| 그림 3.13 | 업무 흐름으로 본 구매 관리 체계

3.1.7 구매 관리 사이클

구매 부문은 구매 의뢰를 받은 뒤 요구 사양을 만족시킬 수 있을 것 같은 거래처들을 선택하여 견적을 의뢰한다. 그리고 제출된 견적을 집약하여 가격을 절충해서 거래처를 좁혀 발주한다. 그 뒤 거래처가 납품한 물품을 검사하여 합격품을 검수하고 대금을 지불한다. [그림 3.14] 에 나타난 일련의 업무 흐름을 구매 사이클이라고 한다.

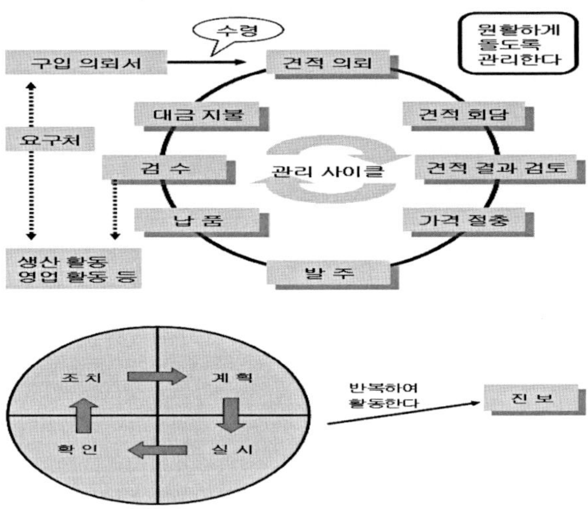

| 그림 3.14 | 구매 관리 사이클

구매 관리에 있어서도 다른 관리와 마찬가지로 구매 부문 내부의 관리 사이클을 돌릴 필요가 있다. 어떤 활동을 추진할 경우에는 [그림 3.14]의 아래 그림과 같이 '계획-실시-확인-조치'의 순서로 추진하고, 다시 다음 계획을 입안해 가는 것이 일의 기본 방법이다.

3.1.8 구매 관리의 필요성

구매 관리는 생산 활동이나 영업활동을 원활하게 할 수 있도록 필요한 물품이나 서비스를 적시에 공급하기 위해서, 그 이외에도 많은 필요성이 있다.

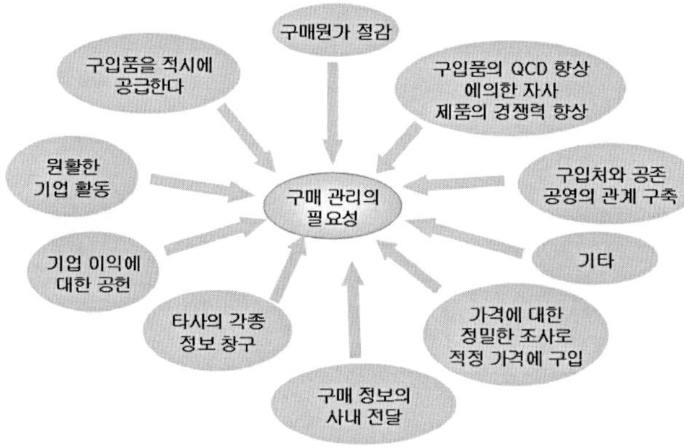

| 그림 3.15 | 구매 관리의 필요성

3.2 구매 관리의 정책

(1) 구매정책의 정의

경영 정책과 직결된 구매정책이 있어야 거래처의 신뢰나 협력을 얻을 수 있다.

구매정책에는 광의와 협의의 2가지 의미가 있다.

- **광의의 구매정책**

최고경영자가 경영 이념이나 경영 비전에 입각하여 발표하는 중·장기 경영정책이나 연도별 경영정책 속에 규정된 구매부문의 기본 정책이나 목표를 의미한다.

- **협의의 구매정책**

조달활동의 기본이 되는 것으로서, 구입할 품목·사양·수량·가격의 결정 방법, 계약 방법, 구매 방식, 구매 조건, 구매처의 선택 기준 등이 이에 포함된다. 따라서 협의의 구매정책은 업무 추진 방법을 가리키는 것으로 구매부문의 업무 처리 기준과 매뉴얼로 작성되어 있는 경우가 많다.

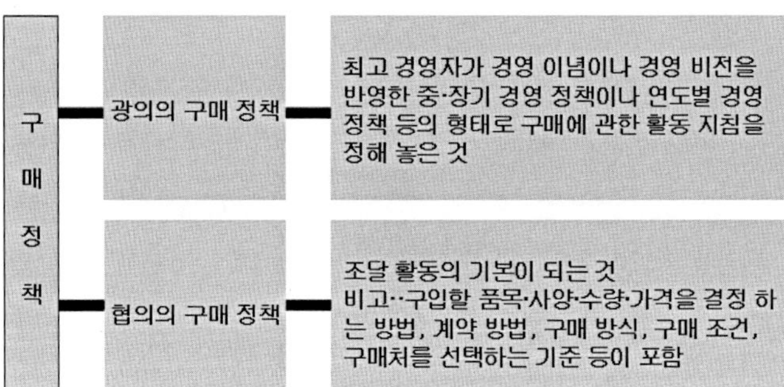

| 그림 3.16 | 구매 정책의 정의

(2) 제도, 조직의 사고방식

구매업무의 전부를 한 사람의 담당자에게 맡기고 있는 소규모 회사에서는 구매조직화의 필요성은 없다. 그러나 회사가 성장하고 규모가 확대되면 업무의 효율적 운영을 위해서는 독립부문으로 하고 관리자에 대해 책임을 갖도록 하는 조직이 필요하게 된다.

그러나 어떠한 조직이 효율적인지에 대해서는 회사의 규모, 입지조건, 생산형태, 제품구성, 구입량, 구매부문의 업무 범위 등에 따라 달라지기 때문에 A사에서는 우수했다고 해도 B사에서는 적합치 못한 환경에 처할 수도 있게 된다.

① 구매 제도의 핵심 테마

구매의 제도, 조직을 논하는 경우 아무리 피해도 피할 수 없는 테마로서, 집중구매 와 분산구매라는 문제로 대두된다.

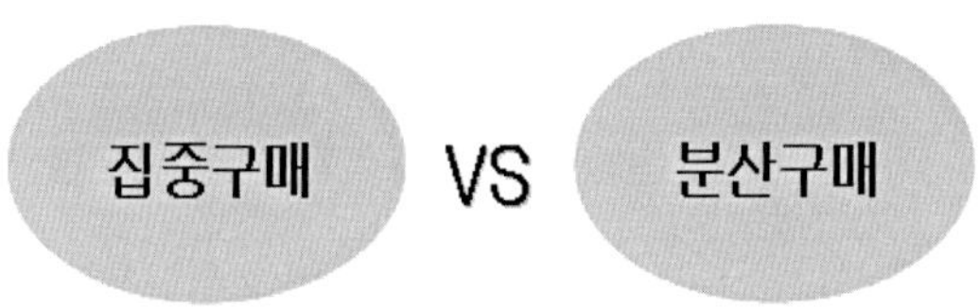

| 그림 3.17 | 구매제도의 핵심 테마

전자는 구매제도로서 어느 것을 선택하느냐 하는 것이고 후자는 구매 부문을 전자조직 속에 있어 어떻게 위치부여를 하느냐 하는 것이다. 그 판단기준은 어느 것이나 장·단점이 있기 때문에 각 회사의 현상을 분석하고, '최고의 업적을 올리는데 적합한 조직'을 활용하는 동시에 회사신장에 걸맞도록 항상 재고해 볼 필요가 있다.

그리고 일반적으로는

- 공통재료나 부품, 설비, 기계, 수입품은 본사의 구매부문이 집중 구매한다.
- 기타는 각지구의 구매부문이 분산 구매한다.

등 구매부문이 인사권을 유지하면서 특정사업부에 대해서만 사업부 내 구매조직을 채용한다고 하는 절충 방식을 취하고 있는 것이 오늘의 현상이다.

〈표 1.2〉 유리한 구매제도 조직을 채용하기 위한 판단기준

No.	항 목	제 도	
		집중구매	분산구매
1	기업규모		대
2	입지조건	공장이 동일지역에 집중 되어 있을 때	공장이 광역으로 분산 되어 있을 때
3	생산형태 (개별양산)		달라도 된다.
4	제품구성(공통성과 시장 독자성)	동일 또는 유사품시	달라도 된다.
5	구입량		원칙적으로 경제로트의 경우
6	업무범위		

② 집중 구매제도

• **집중구매제도의 장점**

회사의 요구를 집중할 수 있기 때문에 대량구매에 따른 구입 가격의 인하가 가능하게 된다. 또 구매조직이 하나이므로 구매방침이 철저하기 쉽고 수속도 잘 지켜진다.

구매활동의 평가도 세밀하게 행할 수가 있다. 따라서 높은 성과를 유지하기 위한 관리도 효율적으로 실시할 수 있다.

그 외의 장점으로는 다음과 같은 것들이 있다.

- 구매부문의 책임자는 모든 구매 활동을 직접 관리할 수 있기때문에 스탭으로서의 책임이 잘 달성될 수 있다.
- 구입처의 업자 역시 한정돼 있기 때문에 품질관리가 용이하다.
- 설계변경이나 모델 변경의 경우 순차적으로 교체시키는데 따라 재료나 부품의 손실을 최소로 할 수 있다.
- 특정 품목에 대하여 고도의 전문화를 도모할 수 있기 때문에 구매기능의 향상을 기대할 수 있다.
- 구입품의 표준화가 용이하다.
- 구매부문의 인원을 절감할 수 있다.

• **집중구매제도의 단점**

- 전문분야로 국한되어 흥미감소
- 직종 간 유연성 결핍
- 잉여인력 발생
- 회사전체 입장의 시각으로 부서별 전략적 요구경시
- 최종수요자로부터 거리감
- 최종수요부서의 입장경시

③ 분산 구매제도

한 지역에 있어서의 공장생산이 경제적인 조업단위로서 생각할 수 있을 정도로 커지고 그 지역의 발주량만으로 대량구매의 이익을 충분히 얻을 수 있게 되었을 때 채용되는 것이 분산 구매 제도이다. 대체로 규모가 큰 기업에서 분산규모를 취하고 있다.

- **분산 구매제도의 장·단점**
  - 생산(회사 내 다른) 부서와 협조/의사전달 용이
  - 지역생산물 사용용이
  - 고객에 대한 반응속도 상승
  - 부서별 자율성
  - 보고체계 단순화
  - 권한과 책임의 통합
  - 지리적, 문화, 환경과의 의사소통용이
  - 규모의 경제 이점을 살릴 수 없음
  - 낮은 수준의 보고체계
  - 전문 인력 확보 애로
  - 지역적 집착으로 공급자 선택 제한
  - 전체 기업입장보다 부서입장 우선
  - 표준화노력 부족

④ 구매부문의 권한

권한의 범위는 특정의 결정이나 행위에 대해 경영자에게 할당된 직능상의 책임에 대해 부응함으로써 획득 되는 것이다.

그러나 실질적인 권한은 그것을 받아들이는 데 부응할 수 있고 그 능력에 의해서만이 획득되는 것이다.

적절한 매입방법이나 수반되는 결과에는 경영자의 만족을 얻고, 타 부문의 문제를 잘 이해하고 신뢰를 거둔다는 것은 모든 권한을 행사할 수 있는 요인이 된다.

따라서 구매부문으로서는 다음 4가지를 유의해야 한다.

- **구매부문에서 거래처를 선정한다.**
- **거래처와의 접촉은 모두 구매부문을 통해서 한다.**

구매부분 이외의 사람이 거래처와 접촉하는 것을 용인하게 되면 구매담당자의 승낙을 얻지 않는 관습이 생겨서 회사가 정당한 구매수속을 밟지 않게 된다. 만약 그렇게 되면 적정한 거래처의 선정을 못하게 되기 때문에 품질, 수량, 납기도 지키지 못하게 되고 적정한 가격의 구입도 어렵게 된다.

- **구입요구가 실제로 필요한지를 체크한다.**

경제적 건전성에 입각해 서술한 바와 같이 자재비 지출의 적정여부를 재검하는 일 외에 구입요구의 필요성에 대한 체크도 필요하게 된다.

- **구매의 상거래 면은 모두 행한다.**

구매담당자는 구매라고 하는 거래행위에 대해서 견적을 의뢰하고 견적서를 받아 주문서를 발행한다고 하는 사무수속이나 가격의 절충 그리고 납입의 독촉까지 일체를 직접 행하는 것이 중요하다.

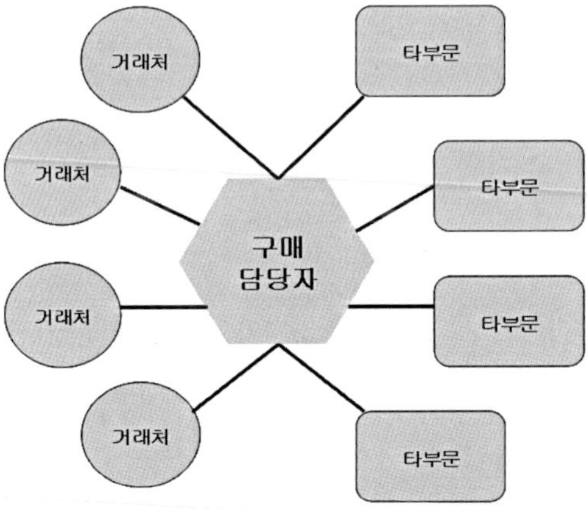

| 그림 3.18 | 구매부문의 권한

일부분이라도 타 부문 사람에게 위탁하면 구매부문의 지위가 저하되고 구매업무에 대한 신뢰성이 손상된다.

⑤ 구매방침 매뉴얼

회사의 경영방침을 반영하는 것으로서 구매부문의 방침매뉴얼을 확립할 필요가 있다. 매뉴얼의 주요 이점은 방침이 확립되어 있으면 동일한 사태가 발생될 경우 그때마다 협의를 하지 않아도 된다.

또 기록은 방침이 이해하기 쉽고 결정이나 행동에 모순을 낳게 할 일도 없기 때문에 부문의 책임자 생각대로 실행에 옮길 수 있는 것이다. 또한 승인을 받은 부문의 책임자 생각대로 실행에 옮길 수 있는 것이다. 또한 승인을 받은 방침은 거기에 따라서 행하는 모든 활동에 권한을 준다.

〈표 1.3〉 구매 관리 규정 모델

조	항 목	조	항 목
1	목적	13	개별계약
2	정의	14	구매사무의 간이화
3	적용범위	15	납기의 확보
4	구매구분	16	물품의 지급 및 대여
5	자료정비	17	검수
6	유리한 구매 실행	18	불량품 처리
7	견적서의 선정	19	지불
8	견적 및 거래처의 선정	20	협력회사의 지도·육성
9	견적서의 취급	21	문서·전표의 보존
10	구매결재	22	보고
11	주문계시	23	지도·원조
12	기본계약서	24	사무수속규정의 제정

3.3 구매 관리 단계

구매부서는 매우 다양한 형태의 자재나 서비스를 구매하는데, 그러한 거래에 적용되는 업무절차도 그에 따라 달라지는 것이 일반적이다. 그러나 대부분의 생산용 자재나 부자재 구매활동 사이클은 상당히 표준화 되어있다. 구매과정의 핵심적인 단계는 [그림 3.19]와 같이 9단계로 이루어진다.

| 그림 3.19 | 구매과정의 9단계

(1) 구매 수요의 인식 및 구매요청

구매행위는 조직 내의 누군가에 의한 수요가 발생하는 것으로부터 시작된다. 특정부서 관리자가 무엇을, 얼마나, 언제 필요할지를 파악해야 한다.

구매수요는 일반적으로 회사 내 생산부서나 재고관리부서에서 발생한다. 보통 구매부서는 이러한 구매 청구를 표준구매요청이나, MRP(자재소요계획)스케쥴이라는 두 가지의 기본적인 방법으로 통고 받는다. 때로는 일회성 구매에 대해 엔지니어링 자재명세서(BOM)가 사용되기도 한다.

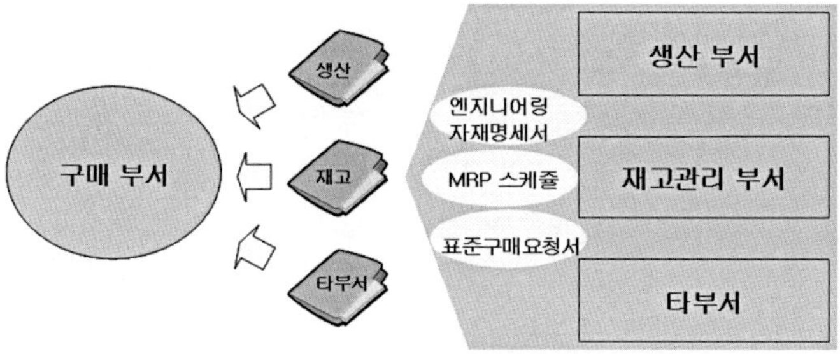

| 그림 3.20 | 구매 요청

① **표준구매요청**

- 구매발주서가 기본적으로 대외문서인데 반해 구매요청서는 내부문서이다.
- 생산부서의 구매요청서는 대부분 회사에서 표준화된 일련번호가 매겨진 양식을 사용한다.
- 양식사용자는 최소 2장의 구매요청서를 발급해서 구매부서용/부서용으로 보관한다.
- 모든 구매 요청서는 기본적으로 자재사양, 수량, 필요일자 및 예상단가, 회계처리 계정, 요청일자, 결재사인

(sign) 같은 정보가 포함되어야 한다.

② MRP(자재소요계획) 스케쥴

설계 엔지니어가 어떤 부품이나 어셈블리 설계를 끝내고 나며, 그 제품을 만드는데 소요되는 리스트(각 자재 소요수량을 포함)를 작성하게 되는데 이 리스트를 엔지니어링 자재명세서라고 부른다.

MRP같은 전산화된 생산·재고관리 시스템을 운용하는 회사에서는 엔지니어링 자재 명세서를 다음과 같은 단계에 의해 구매 요청을 하게 된다.

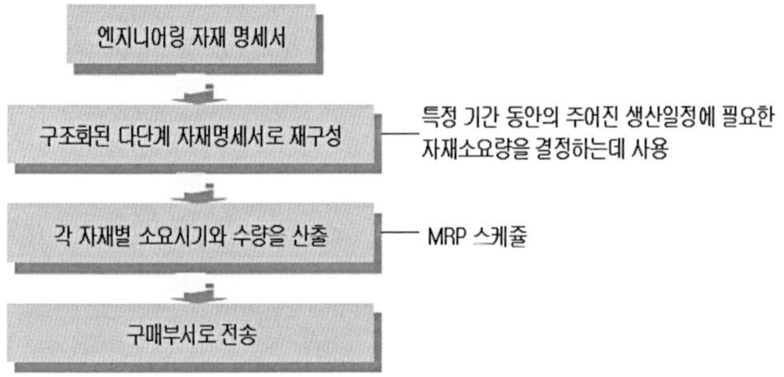

| 그림 3.21 | MRP스케쥴을 통한 구매 요청

③ 엔지니어링 자재명세서

소요자재를 일회성으로 구매할 때는 생산부서에서 필요로 하는 자재의 조달요청으로 엔지니어링 자재명세서를 생산일정과 함께 구매부서에 직접 통보할 수 있다. 구매담당자는 단순히 자재명세서를 수작업으로 전개하는 것으로 생산계획일정에 따른 총체적인 자재 소요량을 파악할 수 있다. 따라서 의사소통이 간단해지고 구매요청서를 발행 할 필요가 없어지게 된다.

(2) 상품과 용역의 구매기술서 및 규격

어떤 구매전문가라도 수요부서가 무엇을 원하는지를 정확하게 알지 못하면 좋은 구매행위를 할 수 없다. 따라서 정확한 용도, 품목, 또는 용역의 구체적인 내용파악이 핵심사항이 된다. 구매자, 사용자 또는 합동심사에서 정확한 상세내용의 구매기술서에 책임을 나눠 갖게 된다.

사용자나 구매자가 모호한 표현을 하거나 과다한 품질 수준을 요구하게 되면 불필요한 비용이 발생할 수밖에 없다. 구매전문가는 조정이나 수정을 통해서 더욱 개선된 결과를 가져올 수 있는지 의문을 제기하고 고심해야 한다.

- 구매기술서의 목적
  - 구매 담당자에게는 무엇을 살 것인가에 대한 정보 제공
  - 협력회사에게는 어떤 것이 만족되어져야 하는지에 대한 정보제공
  - 최종 구매 발주부서의 핵심적 요소로서의 기능
  - 회관검사 및 성능평가, 품질점검에 대한 표준 설정 등의 목적이 있다.

- 규격작성에 통일된 용어사용의 중요성

적절한 품명체계와 물품코드는 오해나 실수를 피할 수 있는 중요한 사항이다. 이러한 품명이나 규격 작성 시 용어의 통일성을 유지하기 위하여 많이 구매되는 품목들에 대한 파일링시

스템의 활용이 가장 효율적일 수 있다. 어떤 기업은 사용되는 물품의 카탈로그와 재고품 카탈로그를 유지 관리하는 것이 편리하다고 이를 활용하고 있다.

- **구매요청 내용에 대한 정의 및 기술**

자재조달 요청은 주어진 조건하에서 가장 적합한 효과적인 구매요청 내용기술방법이 확정되어야만 한다. 여기서 분명히 이해해야하는 것은 간단명료하고, 완전하며, 적합한 구매요청의 정의 및 기술은 사용자와 구매담당자 공동의 책임이라는 것이다.

(3) 거래처 선정 및 관리

오늘날 구매 관리 분야에서 가용공급원의 선택은 가장 중요한 이슈로 많은 관심이 모아지고 있다. 소요가 제기된 제품과 서비스를 어떻게 효율적으로 확보하느냐가 구매 관리의 핵심이 될 수밖에 없으며, 이를 위하여 능력과 신용을 갖춘 공급자를 선정하는 소싱(sourcing)의 중요성이 강조 되고 있다.

(4) 구매가격과 계약조건 결정

구입품을 얼마에 살 것인가 또 어떤 조건으로 살 것인가 하는 결정은 구매의 기초계획 중에도 중요한 의미를 갖는다.

구입품의 가격은 제조단가나 구매원가의 태반을 차지하는 것이다. 또 거래조건에 관계되는 구매조건, 지불조건, 인수인도조건, 반품조건, 품질보증조건 등에 있어서도 그것이 자사에게 있어 유리한가에 따라 비용 상으로 커다란 차이를 보인다. 구매부문이 기업이익획득의 부문인 이유는 실로 여기에 있는 것이다. 그러므로 이익을 획득하기 위해서는 어떻게 값싸게 무리 없이 살 것인가가 주안점이 된다.

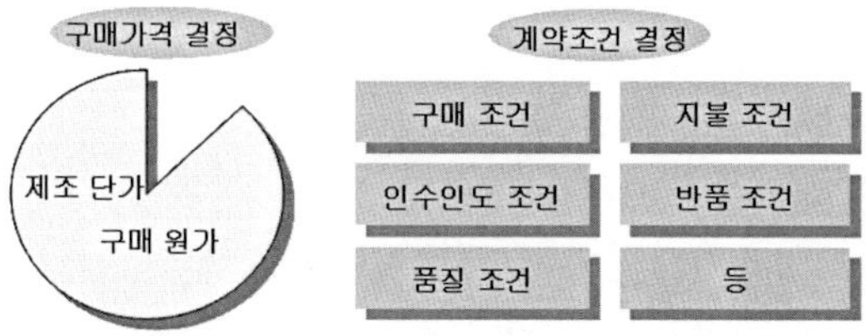

| 그림 3.22 | 구매가격과 계약조건 결정

(5) 구매계약 및 발주

계약에는 광의로 해석해서 사법상의 효과를 발생시키는 것을 목적으로 서로 대립되어 있는 의사표시가 합치함으로써 성립하는 계약도 있으나 여기서는 협의로 해석해서 채권의 발생을 목적으로 하는 서로 대립되어 있는 두 개 이상의 의사가 서로 합치함으로써 성립하는 법률행위를 말한다. 바꾸어 말해 계약은

- 법률행위이다.
- 상호 대립하는 두 개 이상의 의사표시가 존재하여야 한다.
- 복수의 의사표시가 합치하여야 한다.
- 의사 표시는 서로 다른 의사를 가지고 있어야 한다.
- 특정 인간에 채권·채무의 관계를 발생시키는 것을 목적으로 한다.

(6) 계약집행 및 관리

① 계약 진행상황 파악

진행상황파악(follow-up)은 공급자가 계약조건으로 납기 내

공급양이 가능한지를 지속적으로 모니터링 하는 것이다.

일반적으로 진행상황 점검은 빠른 정보나 대답을 듣기 위해 전화 확인이 많으며, 어떤 회사는 컴퓨터를 이용해 일정기간을 두고 정기적으로 선적예상일이나 진행진도를 체계적으로 확인하기도 한다.

② **이행촉구**

이행촉구는 계약된 납기 내 선적이 가능하도록 거래처를 압박하는 수단들이다. 이러한 수단으로는 계약을 취소한다거나 장래 거래를 중단하겠다는 위협을 할 수도 있다. 능력 있는 거래처 선정 시 이런 이행촉구는 드물게 일어난다. 또한 소요물자의 품귀현상이 있을 경우 계약처를 다그쳐 납기 내 맞추도록 할 필요가 있다.

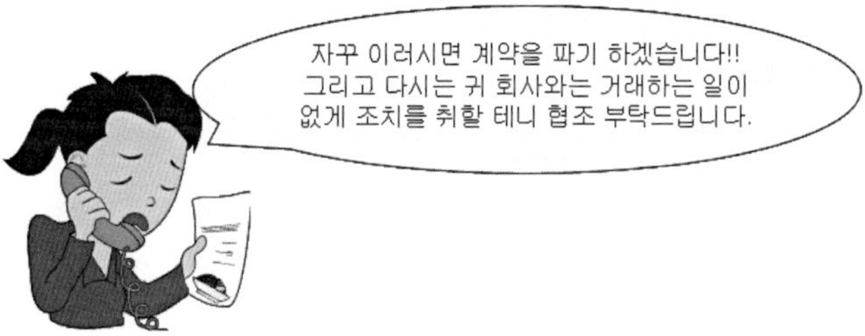

(7) 물품수령과 수입검사

① **전통적인 물품수령과 수입검사**

거래처가 수주한 물품을 납품하면서 내용물을 나타낸 포장명세서를 같이 보낸다. 물품수령담당자는 자재의 수량과 일반적인 상태를 검사한 다음 물품수령증명서를 발급한다. 오늘날 대부분의 회사에서는 온라인 컴퓨터 시스템과 바코드 시스템을 도입하거나 발주서를 발행하면서 동시에 물품수령확인서를 같이 출력함으로써 사무업무를 줄이고 있다.

물품수령 후 입고 전에 수입검사를 실시할 수 있다. 회사에 따라 물품수령 확인서 배포의 시기가 다른데 다음과 같다.

- 수입검사가 끝날 때 까지 물품수령 확인서 배포를 보류
- 수입검사보고서 배포 이후 물품수령확인서를 배포
- 물품수령을 받는 모든 부서로 수입검사결과 보고서를
- 배포 하여 실제적 납품 완료를 처리
- 구매, 회계, 수입검사부서로만 물품 수령확인서를 배포

② 진전된 물품 수령 정책

- **JIT(Just In Time)구매에서의 인증업체 제도 활용**

이 경우는 구매조직이 공급자의 품질관리와 생산일정의 정확성을 전적으로 신뢰한다는 전제하에서 수입검사 절차를 생략할 수 있게 된 것인데 선적된 물품이 물품수령 절차 없이 직접 사용부서로 납품된다.

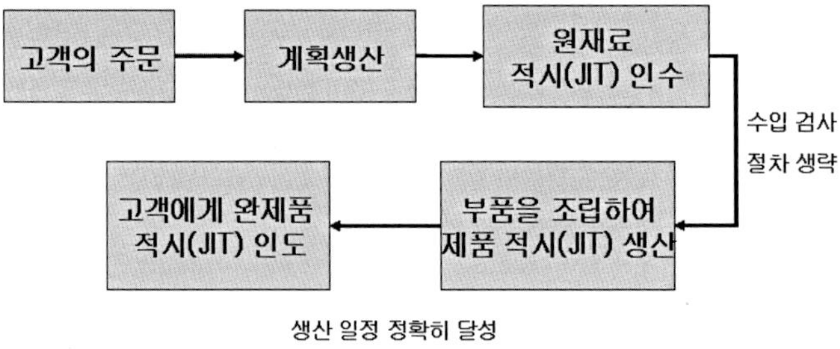

| 그림 3.23 | JIT시스템의 순서

- 구매 신용카드의 도입

  소액구매에 신용카드를 사용하는 회사에서는 상대적으로 구매 금액이 적기 때문에 구매 물품이 물품수령절차를 거치지 않도록 하고 있다.

(8) 발주 완료 및 대금 지불

가끔씩 거래처의 세금계산서 발행부서에서 송장을 잘못 작성하거나, 선적부서가 부정확하거나 불완전한 선적을 하기도 한다. 따라서 실제로 납품한 자재에 맞는 대금을 지불하도록 하기 위해서 거래처에게 대금을 지불하기 전에 일정한 형태의 심사 절차가 필요하다.

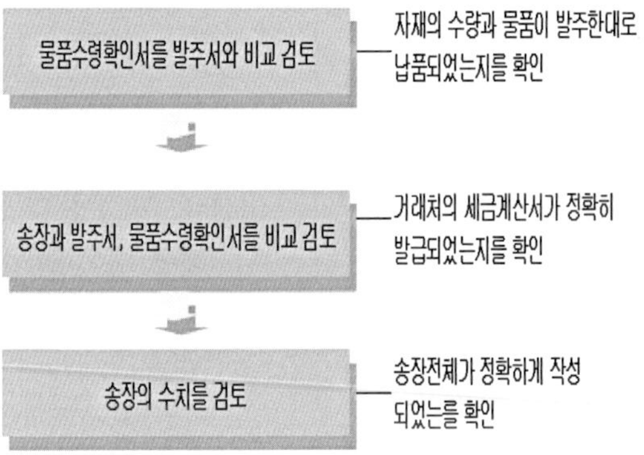

| 그림 3.24 | 대금 지불전의 심사 절차

송장접수 후 신속하게 심사해서 경리부서에 즉각적인 대금지급이 이루어지도록 함으로써 조금이라도 현금 할인 이득을 취할 수 있도록 해야 한다. 즉각적인 대금지급은 거래처와의 긴밀한 협력관계 구축 및 유지에 도움이 된다.

(9) 기록 및 관계 유지

구매부서의 파일에는 매일 매일의 운영 자료가 쌓인다. 이러한 자료를 체계적으로 정리하지 않으면 부서 운영에 있어 쓸모없는 것이 될 수 있다. 구매부서 마다의 특성에 따라 문서로 보관하는 시스템 구조가 다를 수 있지만, 일반적으로 다음의 기록 문서들은 구매부서 운영에 필수적인 기본 문서들이다.

| 그림 3.25 | 구매부서의 필수 기록 문서들

① 발주진행 관련 자료

구매담당자는 현재 진행 중인 발주관련 정보를 수시로 찾아 봐야할 필요가 있다. 발주기록문서는 매우 다양하지만, 공통적으로

- 구매요청서
- 발주접수확인 정보(공급자로부터 받은)
- 사후관리 데이터
- 노트나 메모 등과 같은 제반 관련 자료가 해당된다.

② 발주완료 관련 자료

발주완료 파일은 처리가 완료된 모든 구매 정보를 제공해주는데 과거의 발주 관련한 의문사항이 있을 때나 향후의 어떤 사안에 대한 의사결정에 과거 실적자료가 필요로 할 때 유용한 참조자료로써 자주 활용된다. 발주완료 관련 자료는 발주의 시작에서 끝까지에 관련되는 제반 기록으로 다음과 같이 구성되어진다.

- 구매요청서
- 발주진행파일 사본
- 발주접수확인서
- 물품수령확인서
- 수입검사보고서

발주에 관련된 모든 부수적인 자료가 해당된다.

③ 발주대장

구매부서는 현재 진행 중인 발주 관련 기록을 발주서의 일련번호 순서대로 정리해두고 있어야 한다. 기록 자체를 정성껏 세밀하게 할 필요성은 없으나 적어도 다음과 같은 정보는 기본적으로 들어 있어야 한다.

- 발주서 번호
- 진행 현황
- 공급자명
- 구매자재의 간단한 설명
- 발주 총액

④ 상품정보 자료

상품정보 자료는 효과적인 "대량생산체제 구매"가 이루어질 수 있도록 광범위한 자재 관련 정보로 채워져 있다. 반복적으로 구매되는 주요자재나 서비스별로 상품정보 카드나 컴퓨터 파일이 정리 되어 있어야 한다.

상품정보 자료에 포함되어 있어야 할 것은

- 엔지니어링 도면
- 규격에 대한 참조 색인
- 자재나 서비스의 상세 내역
- 인증업체 리스트와 가격 자료가 포함되어 있어야 한다.

얼마나 상세한 상품정보를 기록해 둘 것인가를 결정할 때는 자료를 작성하는 비용과 작성된 정보의 가치를 반드시 비교·검토해 보아야 한다.

⑤ 공급자 관련 정보

공급자 관련 정보를 신속하게 조회할 수 있도록 대부분의 회사에서는 공급자 관련 정보를 하나의 파일에 집중화하고 있다. 주요 공급자에 대해서는 각각 별도의 카드나 컴퓨터 파일을 작성해두고 있는데 이 자료에는 공급자의 주소, 전화번호, 각 업무별 담당자 등이 기록되어 있고 판매조건이나 운송루트 같은 것도 포함되어 있다.

구매 담당자는 이 자료를 조회하여 어떠한 주요 공급자에 대해서도 단시간 내에 풍부한 종합정보를 얻을 수 있다.

⑥ 계약관련 자료

오늘날 대부분의 회사들이 장기계약 구매품목수 규모를 확대해 가고 있다. 이 경우 일반적으로 모든 계약서를 별도의 파일로 분리해서 통합 보관하기에 편리하다. 모든 구매계약서를 즉시 조회해 볼 수 있음은 물론, 이러한 형태로 구매가 이루어진 자재의 구매담당자도 알 수가 있다. 계약서의 양이 많아지면 한 눈에 모든 계약 현황 및 만료 일자를 종합해서 볼 수 있도록 요약양식에 별도로 정리해서 기입해두는 것이 바람직하다.

3.4 발주 방법

(1) 긴급 발주

모든 부서장들은 부서 자원을 효율적으로 활용할 수 있도록 안정적이고 체계적인 부서 운영 방법을 개발하기 위해 노력하고 있다. 운영이 잘되는 구매부서의 경우 구매요청서를 접수 후 2~4일 내에 발주 처리까지 완료한다.

그러면 불가피하게 긴급 자재 확보의 필요성이 발생했을 때 구매부서는 이를 어떻게 처리해야 하는가? 긴급 구매요청 처리에 대한 핵심적인 요소는 다음과 같다.

- **전화나 구두상의 구매요청을 받아들이지 않는다.**

  긴급한 경우에라도 요청 사항의 전달과 해석상의 오류 발생 소지가 너무 많기 때문이다.

- **구매 요청자는 이를 문서화하여 가급적 구매담당자에게 직접 전달한다.**

  식별이 용이 하도록 일반구매요청서와 다른 색상의 글씨를 사용하거나 눈에 잘 띄는 긴급 스티커를 붙인다.

- **어떠한 경우라도 발주번호를 부여하여 발주 처리 한다.**

구매담당자는 반드시 발주번호를 부야하고 후속조치로 확인용 발주서를 거래처로 발송해야 한다.

긴급발주 건 처리로 인해 정상적으로 수행되어야 할 구매담당자의 업무가 차질을 빚게 되고 이로 인한 업무의 비효율성이 초래된다.

따라서 구매요청부서의 부실한 계획으로 인해 발생되는 긴급발주 건은 적극적으로 막아야한다.

이에 대한 모범적인 세 가지 접근법이 있다.

- 구매요청 부서나 생산계획수립 부서의 활동과 구매부서의 업무를 조율하기 위해 공동 노력한다.
- 불합리한 요청 건을 줄이기 위해 모든 긴급발주 요청건은 관리 담당 임원의 승인을 얻도록 한다.
- 긴급발주 건마다 긴급 구매요청부서에 미리 정해진 만큼의 서비스 비용을 부과하는 접근방법을 사용하기도 한다.

(2) 소액 발주

소액발주 문제는 모든 회사에 있어서 자주 발생하는 문제이며 일부에 있어서는 아주 심각한 문제이기도 하다. 소액발주 건이 전체 발주 건 중 상당부분(어떤 경우 80%까지)을 차지하고 있음이 밝혀졌다. 그러나 전체 금액비율로 보면 이들 소액 발주금액은 아주 비중이 낮으며 10%미만일 경우도 있다.

금액의 10% 비중 발주에 대해 90% 비중 발주보다 더 신경을 쓰고 싶어 하는 경영자는 없을 것이다. 하지만 금액은 적더라도 이러한 소액구매 자재들은 반드시 필요하다. 지금부터는 소액구매 문제를 최소화할 수 있는 여러 가지 방안에 대해 알아보자.

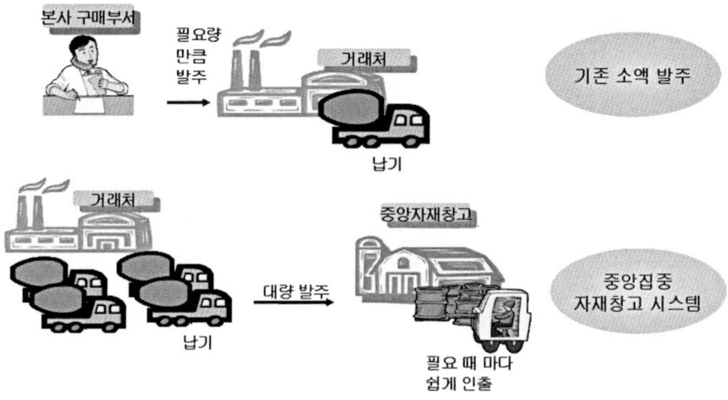

| 그림 3.26 | 중앙 집중 자재창고 시스템

① 중앙 집중 자재창고 시스템

동일 거래처 자재를 그때그때 필요에 따라 소량으로 구매하고 있을 때, 그 품목을 한꺼번에 발주해서 중앙 집중 자재창고에 넣어두고 필요할 때마다 인출해서 사용하는 것이다. 하지만 자재 수량이나 자금 사정에 따라 재고를 보유하는 데 분명한 한계는 있다.

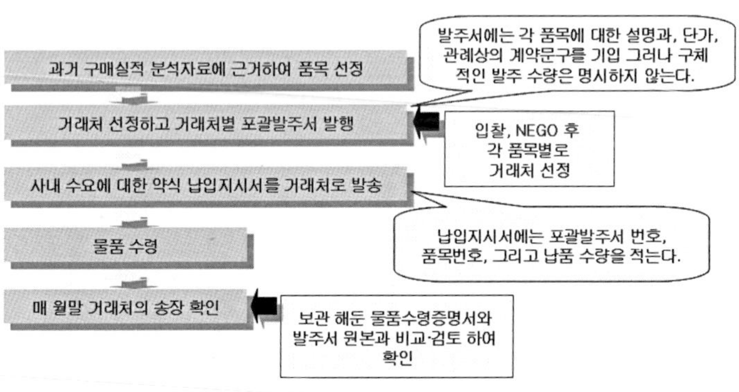

| 그림 3.27 | 포괄발주 시스템의 절차

② 포괄발주시스템

포괄발주시스템은 수천 개의 자재를 재고로 가져갈 수 없거나 일부만 재고로 가져가고자 할 때 적용할 수 있는 방안이다. 이런 형태의 구매에 사용되는 업무처리 절차는 다음과 같다.

포괄발주방식의 이점은 다음과 같다.

- **구매, 경리, 입고처리부서의 사무를 줄여 준다.**
- **일상 업무로부터 구매담당자를 해방시켜 주요 업무에 집중할 수 있도록 해준다.**
- **구매요청을 통합함으로써 물량에 의한 가격인하 효과를 거둘 수 있다.**
- **자재 및 거래처를 묶음에 따라 피드백 정보의 흐름이 개선될 수 있다.**
- **직납을 위한 거래처의 재고 보류 리드타임과 재고 수준을 개선할 수 있다.**
- **구매자와 거래처간의 장기적이고 긴밀한 협력관계를 구축할 수 있다.**

어떠한 포괄발주 시스템이라고 하더라고 반드시 적절한 내부통제가 이루어져야 한다. 효과적인 통제를 위한 주요소는 다음과 같다.

③ 시스템 계약

기본적인 구매전략으로 소량·소액구매 문제를 최소화하는 방법인 시스템 계약은 포괄 발주 개념이 확장된 고도화된 형태이다. 일부에서는 이를 '무재고'구매라고 부르기도 한다.
시스템 계약의 특징은

- 거래처와 보통 1~5년에 걸쳐 자재 구매계약을 체결한다.
- 구매 품목은 카달로그에 상세히 나와 있으며, 카달로그는 계약서의 한 부분으로 포함시킨다.
- 거래처는 구매자의 니즈를 충족시키기 위해 공급자는 적정 재고 수준을 유지한다.

포괄발주의 이점에 추가한 시스템 계약의 주목적은 구매자와 거래처 모두의 구매와 관련된 관리 비용을 최소화하는 것이다. 두 회사 간의 운용절차는 실제 적용 시 가장 적합한 방식을 상호 조정하여 결정한다.

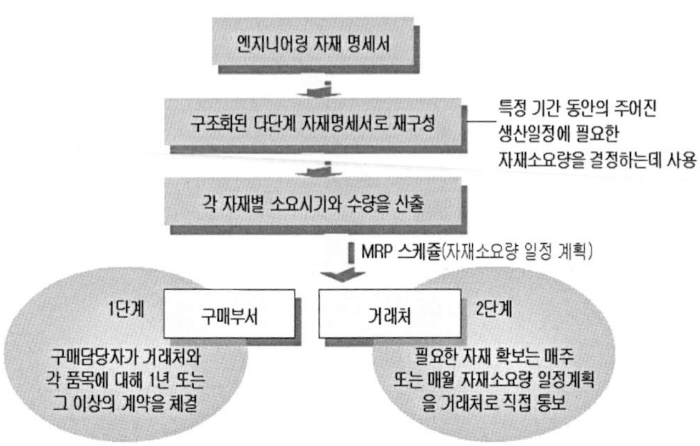

| 그림 3.28 | MRP연계를 통한 구매시스템

④ MRP(자재소요계획)연계 단가계약

앞에서 구매부서가 생산용 자재의 니즈를 파악하는 도구로서 엔지니어링 자재명세서에 대해 알아보았다. 일부 회사에서는 이 개념에 한 단계 더 진보시킨 MRP컴퓨터 스케쥴링 시스템을 사용해서 "문서 없는"구매에 보다 근접한 구매 시스템을 운용하고 있다.

[그림 3.28]과 같은 과정을 거쳐서 MRP 스케쥴은 구매요청과 발주 처리 업무 모두에 기여한다.

거래처는 단순히 일정대로 자재를 납품하면 되고, 구매담당자는 구매계약을 체결한 후 이후 예외적인 사항의 관리에만 관여하면 된다.

⑤ 전화/팩스 발주 시스템

현재 대부분의 회사에서 소액발주의 서류작성 업무를 줄이기 위해 전화나 팩스를 이용한 발주 시스템을 사용하고 있다.

이 시스템을 여러 가지로 응용하고 있지만 내부 커뮤니케이션에 필요한 모든 필수 데이터를 갖도록 구매요청서 양식을

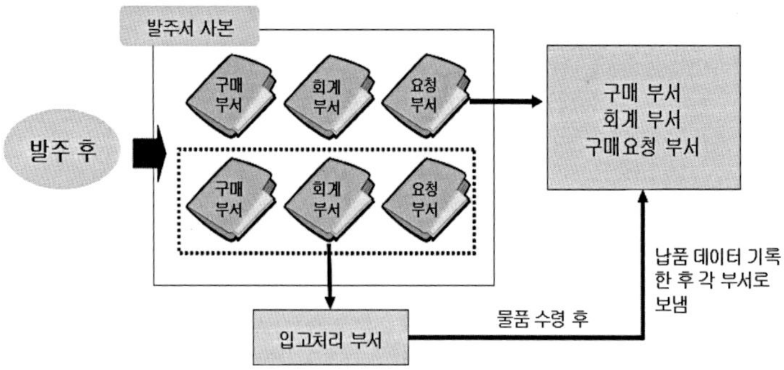

| 그림 3.29 | 발주서 활용 예

제대로 디자인하는 것이 중요하다. 일부 회사는 6장이 한 세트로 되어 있는 발주양식을 사용하는데, 각 양식들은 아래 그림과 같이 처리 된다.

⑥ 소액현금과 COD

- **소액현금**

오늘날 대부분의 회사는 일회성 소액구매용의 현금을 책정하고 있다. 그다지 중요하지 않은 자재를 구입할 때는 정식의 구매시스템을 거치지 않고 개인이 현금으로 물대를 지급하고 구매하는 것이 훨씬 더 비용 면에서 효율적이다.

- **COD**

한편 일부 회사는 일회성 소액 구매를 COD(Cash On Delivery) 베이스를 하는 것이 경제적이라는 사실을 발견했다. 전화로 주문하고 물건이 도착하면 대금을 지불한다. 대금지불을 현금으로 하거나 그런 용도로 책정되어 있는 계정의 부서수표로 처리한다.

⑦ 구매 신용카드

지난 몇 년간 법인카드로 MRO 자재를 구매하는 것이 일반화되었다. 이 도입으로 발주서 발급 업무를 대폭으로 줄였을 뿐만 아니라 구매 사이클 타임을 줄이고, 생산부서와의 관계 개선, 거래처에 대한 조기 대금지급, 그리고 경리부서의 업무 부담을 대폭 경감시킬 수 있게 되었다.

이 방법이 일반적으로 어떻게 운용되는지를 [그림 3.30]에서 살펴보자.

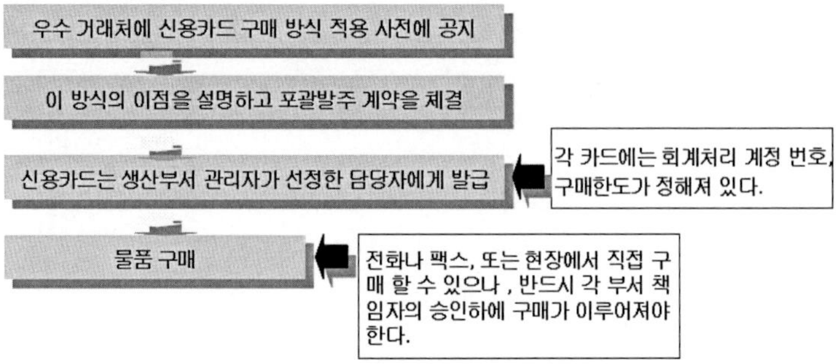

| 그림 3.30 | 신용카드를 이용한 구매

다음[그림3.31]에서 신용카드 시스템의 위험요소와 이에 대한 간접적인 통제 방안을 볼 수 있다.

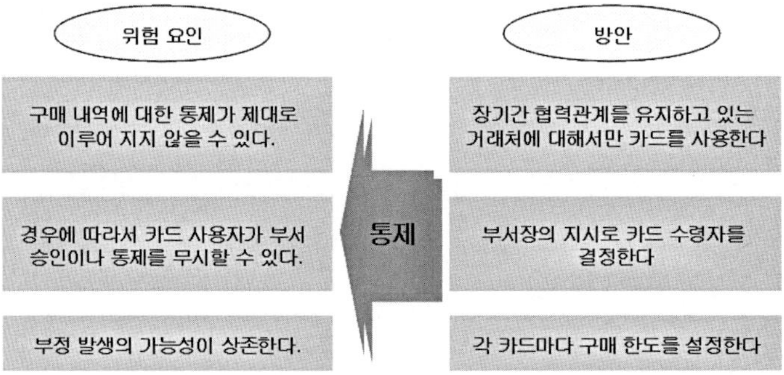

| 그림 3.31 | 신용카드 구매의 위험요인과 통제 방안

⑧ 거래처 재고보유/위탁 시스템

어떤 자재를 단일 공급자로부터 대량 구매할 때, 위탁개념으로 거래처가 구매자의 공장 근처에 자체 재고 창고를 보유하고 구매자에게는 소량의 자재만을 가져가게 한다. 구매자는 자재가 필요할 때 창고로 가서 사인만 하면 되고, 월말에 한꺼번에 송장을 받게 된다.

이 시스템은 단기 계약 개념이 아니므로 거래처 선정과 계약조건 협상에 많은 주의를 기울여야 한다.

3.5 발주후의 관리 진행 방법

3.5.1 초기 유동 관리

(1) 초기 유동 관리란

예측 생산을 하는 제조업에서 신제품 등을 새로 만들어 양산할 경우 그 제품 생산에 필요한 치공구나 금형, 생산 설비 등을 준비해야 한다.

새로운 공구나 설비를 사용해 생산을 하면 일반적으로 생산 초기에 여러 문제가 발생하기 때문에 품질이 안정될 때 까지 시간이 걸린다.

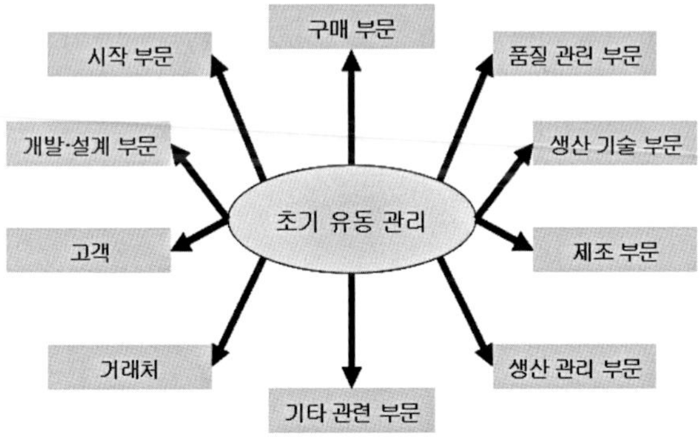

| 그림 3.32 | 초기 유동관리의 관련 부문

그래서 신제품을 생산하기 위해 새로이 가동시킨 라인이나 만들어진 제품 등에 대해서는 엄격히 검사를 하여 제품의 품질 개선을 압축함으로써 품질의 조기 안정을 도모한다. 이와 같은 일련의 활동을 '초기 유동 관리'라고 한다.

(2) 거래처의 초기 유동 관리

제품의 핵을 이루는 신규 구입품을 납품하는 거래처에게도 초기 유동 관리를 요청해야 한다.

이 때 구매 부문은 거래처가 초기 유동관리를 실시하면서 설계나 생산 기술 등에서의 문제점을 조기에 해결할 수 있도록, 사내 관련부문의 협력을 얻어 거래처를 지원해 주어야 한다.

QCD에서 신뢰할 만한 거래처를 선정한다.

거래처에게 요구 사항을 정확하게 전달한다.

거래처가 생산상의 문제점을 족에 파악, 대응 할 수 있도록 지원한다.

거래처의 QCD 조기 안정화를 위한 지원을 한다.

거래처에 대한 감사를 실시한다 등.

| 그림 3.33 | 거래처에 대한 구매 부문의 역할

(3) 초기 유동 관리 실시에서 유의할 점

- 생산 준비 단계에서부터 관련 부문이 참여케 할 것.

- 활동은 제조 부문에만 맡겨 놓지 말 것.
- 초기 유동 관리의 해제 기준을 명확히 할 것.
- 관련 부문과 정기 연락회를 열어서, 조기 해제를 위한 방책을 구할 것.

3.5.2 납기관리 시스템

(1) 납기 관리의 중요성

구매 부문이 발주한 물품이나 서비스에는 납기가 있다. 거래처가 납기를 지키지 않으면 발주업체의 생산 활동이나 영업 활동이 계획대로 진행될 수 없다.

즉 구입품에서 납기 지연이 발생하면 발주 업체의 생산성이 떨어지고 원가가 오르게 되어 원가 경쟁력도 떨어지게 된다. 또한 고객에게 까지 폐를 끼쳐 오랜 기간의 신뢰 관계가 손상될 수 도 있다.

이와 같은 사태가 발생하지 않도록 하기 위해 발주업체는 사내의 생산 상황 진척 관리를 해야 한다.

(2) 납기 관리 시스템

구입품 준비 상황 진척 관리의 대표적인 방법이 '납기 관리 시스템'이라고 할 수 있다.

구입품의 납기 관리 시스템은 납기 며칠 전 등으로 정해 놓은 시기에 거래처에 납품 독촉을 하여 납기 지연을 미리 막는 것이다.

이 방법은 주로 수주 생산형의 기업에서 많이 채용하고 있다.

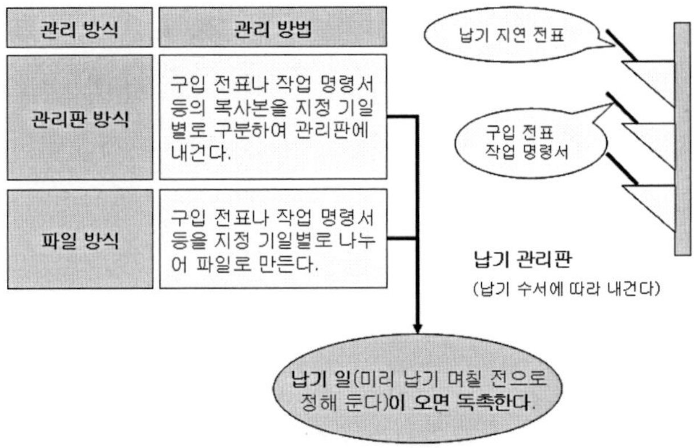

| 그림 3.34 | 납기관리 시스템의 관리 방식

(3) 납기 지연을 표시하는 방법

일정 기간 내에 납기 지연을 일으킨 건수의 비율

> **납기지연율=**
> **일정기간의 지연건수/일정기간의 총 납입건수×100 (%)**

일정 기간 내에 며칠 이상의 납기 지연을 일으킨 건수의 비율

> **○일 이상 납기 지연율=**
> **일정기간의 ○일 이상 지연 건수/일정 기간의 총 납입 건×100(%)**

평균 지연 일수

> **평균 지연일수=**
> **일정 기간 납기 지연 일수의 합계/일정 기간의 납기 지연 건수 (일/건)**

3.5.3 입고 업무

거래처는 구매 부문이 발주한 물품을 정해진 납기에 맞춰 지정된 장소에 필요 수량을 납품한다. 거래처가 납입한 물품을 수취하는 업무가 입고 업무다.

(1) 입고 검수 업무 과정

① 입고 검수 업무의 과정

거래처는 물품과 함께 납품서나 검사 성적서 등을 같이 납품 하는 것이 보통이다. 납품서는 수령서와 검수표가 세트로 되어 있다.

입고 담당자는 물품과 납품서 세트를 받아서 품번, 수량 등을 확인한 뒤 수령인을 찍고, 수령서는 거래처에게 되돌려 준다. 그 뒤 받아들인 현품을 검사 받기 전에 일시 보관해 두는 일정 장소로 옮기고 입고 검사를 위해 대기시킨다.

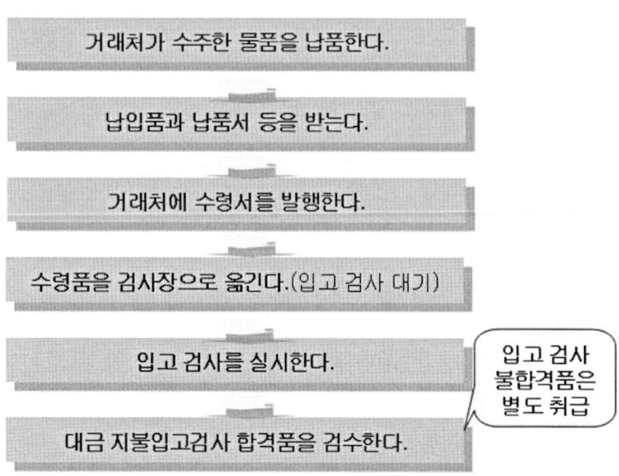

| 그림 3.35 | 입고 검수 업무의 흐름

입고 검사 결과 합격일 경우에는 '검수'를 하고, 납품서나 검수표 등을 소정의 부문으로 송부하여 지불 업무로 이어준다. 이러한 구입계상 방법은 검수 기준이라고 하며, 대부분의 제조업체에서 이 방법을 사용하고 있다. 이 일련의 업무 흐름을 입고 검수 업무라고 부른다.

(2) 입고검사의 방법

① 입고 검사란

거래처가 납입한 물품이 주문 대로 되어 있는지 아닌지를 검사하는 것이다. 입고 검사는 무검사 시스템으로 이행 할 수 있도록 지도·육성해야 한다.

② 입고 검사 기준

입고 검사를 적절히 실행하기 위해서는 미리 '입고 검사 기준'을 작성하여 그 기준에 기초한 심사를 해야 한다.

같은 구입품이라도 가공품과 원재료는 검사 내용도 다르고 검사 방법도 다르다. 그런 점을 고려하여 '입고 검사 기준'을 작성해 놓는다.

입고 검사 기준의 규정 내용으로는 다음과 같은 것들이 있다.

- 사양서나 도면을 통해 요구한 치수
- 형상정밀도
- 성능
- 불합격품 대체 방법 등

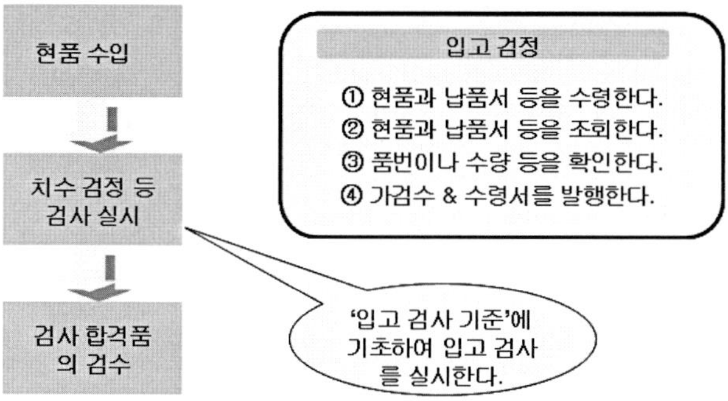

| 그림 3.36 | 대표적인 입고 검사의 흐름

③ 입고 검사의 종류

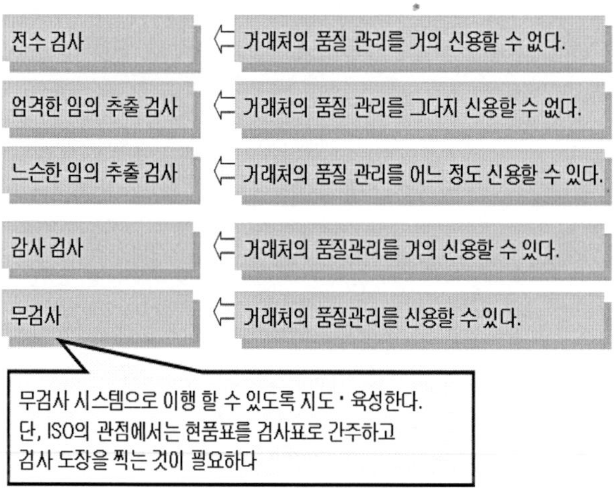

| 그림 3.37 | 입고 검사의 종류

(3) 불합격시의 대응

① 불합격품의 대처

입고 검사에서 불합격품이 발생할 경우, 즉시 거래처에 연락하여 불합격품의 인수, 대체품의 납입, 재발 방지 대책 등을 확인해야 한다. 동시에 동일 로트의 물품을 중심으로 선별 작업에 착수하며, 입고 검사 불합격품이 합격품과 혼입되지 않도록 확실히 분리해 두어야 한다.

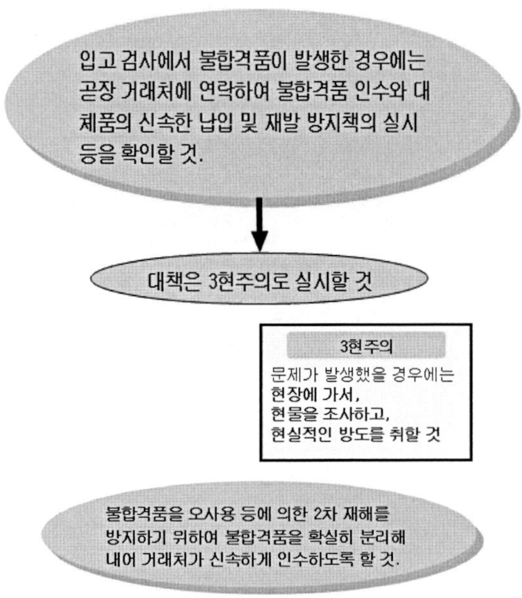

| 그림 3.38 | 입고 검사 불합격시의 대응

② 불합격품 식별 후 관리

입고 검사 불합격품 등의 부적합품을 식별 하여 정확하게 처리하기 위해서는 발주업체의 체계적인 관리가 필요하다.

- 부적합에 대한 처치 내용을 기록하여 관리 할 것.
- 처치된 현품 등에 대한 기록을 남기고 관리 할 것.

- 거래처로부터 부적합 판정이 난 현품을 적절하게 처지 했는지 여부를 보고 받을 것.
- 재발을 방지를 위해 어떠한 대책을 취했는지 보고하도록 할 것.

(4) 눈으로 보는 구입품 관리

생산에 관계하는 사람이 특정 시점에서 생산 상황을 한번 보는 것만으로도 그 상황이 정상인지 아닌지를 바로 판단하여 대처할 수 있도록 조치하여 관리하는 것을 '눈으로 보는 관리'라고 한다.

'눈으로 보는 구입품 관리란' 생산에서의 '눈으로 보는 관리'를 구입품 관리에 응용한 것으로, 구입품이 제조라인에 투입되기까지의 상황을 한눈으로 보고 상황을 판단하여 관리할 수 있게 하는 것을 말한다.

구입품 관리에서 중요한 포인트는 입하·미입하 상황에 대한 파악과 입하가 끝난 물품의 보관 상황에 대한 관리이다.

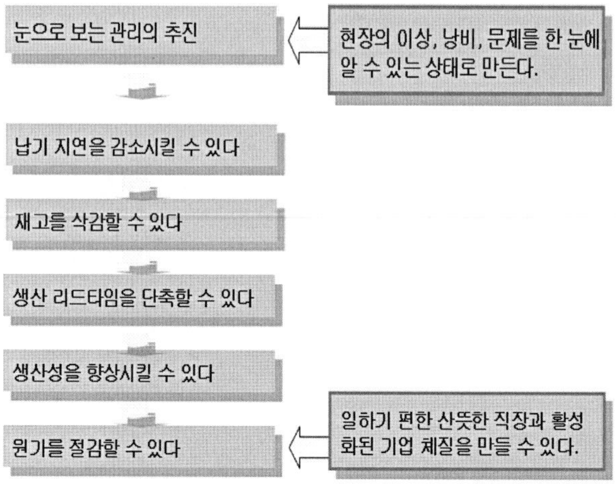

| 그림 3.39 | 눈으로 보는 관리의 효과

3.5.4 대금 지불

(1) 대금 지불 방식

구매 부문이 구입한 물품이나 서비스에 대한 대금 지불은 보통 경리 부문이 담당한다.

구체적인 지불 방법의 예로는 정액자금전도제에 의한 지불이나, 일정 금액 이상의 지불액은 어음 지불, 그 미만은 은행 납입으로 한다는 등의 방법을 들 수 있다.

- **정액자금정도제란**

경리 부문 외의 각 부문에도 미리 정해 놓은 일정액의 현금을 사전에 배부해 놓고 일상의 소액 지불 등을 해당 부문이 스스로 일정 기간 마다 회계처리 하도록 하는 방법이다.

- **정액자금전도제의 이점**

구입액이 적은 소규모 거래를 하는 거래처나 현금 거래를 하는 업자 등에 대해서 대금을 신속하게 현금으로 지불할 수 있고, 경리 부문의 부하도 줄일 수 있다.

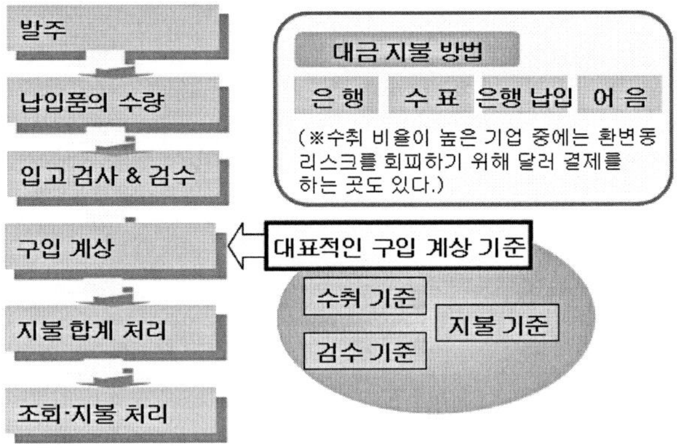

| 그림 3.40 | 대금 지불의 주된 흐름

(2) 대금 지불 요령

- 검수 데이터로부터 지불 명세서(구입처·납입 금융 기관 등)를 작성한다.
- 거래처의 청구서와 지불 명세서를 조회한다.
- 차이가 있으면, 상대방과 조정한다.
- 협력회비 등의 지불 공제 금액을 공제한다.
- 금융 기관에 납입 데이터를 발송한다.
- 수표나 지불 어음을 발행한다.

3.5.5 가격 재조정

(1) 가격 재조정이란

생산 활동이나 영업 활동에 필요한 물품이나 서비스를 반복하여 구입할 경우 발주 기업과 거래처 사이에 미리 거래처로부터의 구입 가격을 결정해 두는 것이 일반적이다.

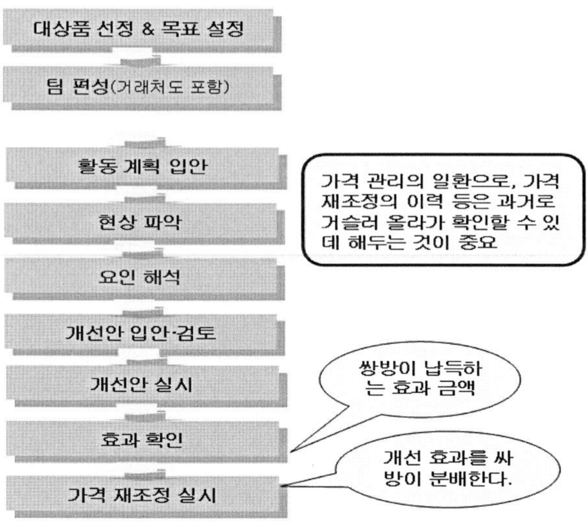

| 그림 3.41 | 가격 재조정의 절차

그러나 영구히 변하지 않는 것이 아니라, 시간이 흐르면서 실세와 맞지 않게 되면 재조정을 하는 것이 당연하다. 이렇게 구입가격을 재조정하는 것을 가격 재조정이라고 한다.

가격을 재조정할 때에는, 실무 면에서는 컴퓨터 시스템에 등록된 금액을 어느 한 시점에 일제히 정확하게 변경해야 한다는 점도 알아 두자.

(2) 가격 결정의 방안

가격 결정은 어디까지나 양자 모두가 납득한 다음에 실시하는 것이 기본이다.

그러기 위한 유효한 방안중의 하나가 양사 공동으로 원가 개선을 실현해 가는 것이다. 원가 절감 활동을 공동으로 실행하기 때문에 개선안을 신속하게 실시할 수 있으며, 원가 개선이 신속하게 이루어질수록 성과도 커진다.

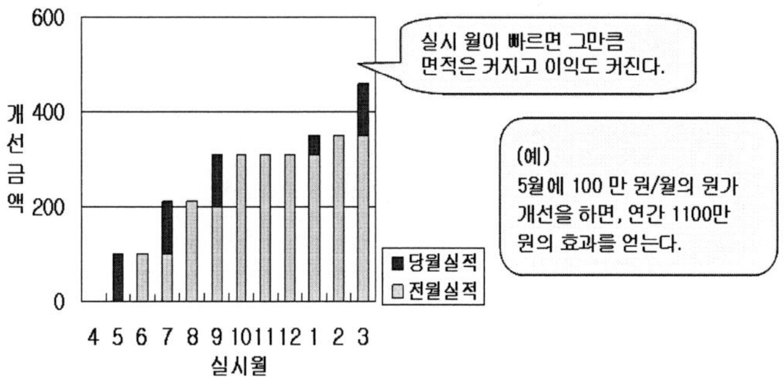

| 그림 3.42 | 신속한 원가 개선의 효과

04 보관기능
CHAPTER

4.1 외주관리

4.1.1 외주관리의 개념

(1) 외주란

① **외주의 정의**

외주란 발주 측 기업이 자사의 특정 제품이나 부품의 일부 또는 전부를 거래처에게 제조 위탁하는 것을 말한다.

② **외주의 구조**

발주 측 기업이 설계·사양·납기 등을 지정하여 수주자 측에

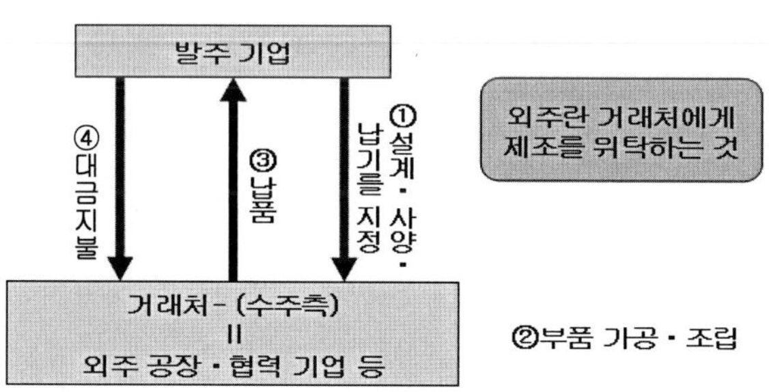

| 그림 4.1 | 외주의 구조

게 제조를 위탁하고, 그러면 수주자 측은 위탁받은 물품을 가공하거나 조립하여 발주자에게 납품함으로써 그 대금을 지불받는 구조로 되어있다.

③ 외주 이용의 이점

- 제품의 제조 원가를 내릴 수 있다.
- 단독으로는 생산할 수 없는 고도화된 제품을 만들 수 있다.
- 적은 설비 투자로 신제품이나 모델 변경에 대응할 수 있다.
- (외주 덕분에)남는 경영자원을 중요 업무에 투입할 수 있다.
- 고정비를 변동비로 바꿀 수 있다.

(2) 외주의 종류와 목적

① 외주의 종류

외주는 제품의 완성도(어디까지 맡길까)와 분업 형태(외주업체와의 관계)에 따라 여러 가지로 분류할 수 있다.

• **제품의 완성도 기준**

제품의 완성도를 기준으로 할 경우, 외주를 맡기는 것이 제품이냐 부품이냐에 따라 [그림 4.2]와 같이 분류할 수 있다.

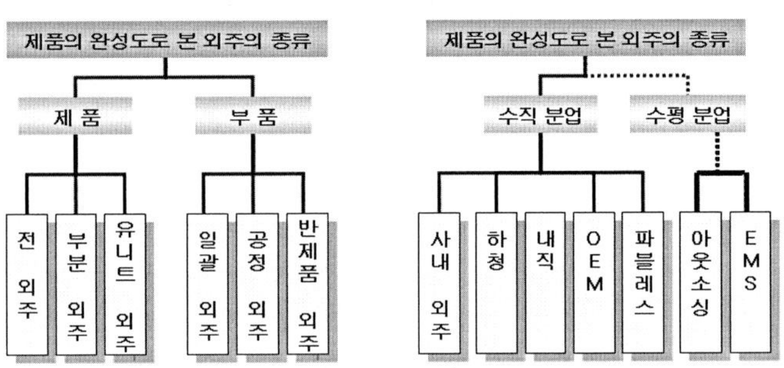

| 그림 4.2 | 외주의 종류

• 분업 형태 기준

분업형태를 기준으로 할 경우, 외주는 수직분업인가 수평분업인가에 따라서 다음과 같이 나눌 수 있다.

② **외주의 목적**

외주를 이용하는 목적은 기업에 따라 천차만별이다. 다양한 업종, 업태에서 외주를 맡기는 목적은 원가인하, 외부 전문 기술의 활용, 생산능력의 보충·조정, 자기 자본의 보충, 특수 작업의 노무대책 등 여러 가지다.

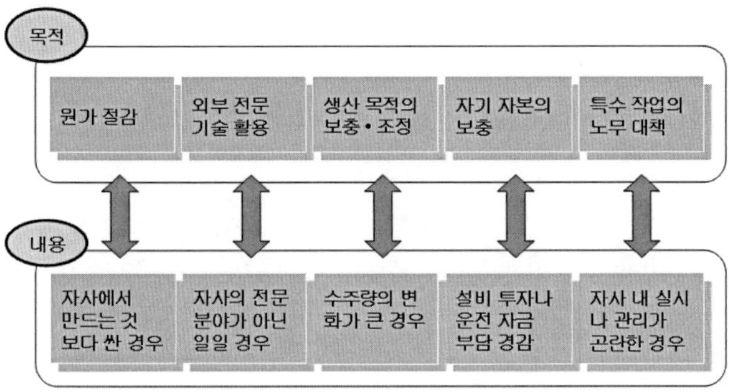

| 그림 4.3 | 외주 이용의 목적과 내용

(3) 외주 관리

외부 기업에 부품 가공 또는 조립을 위탁하는 방법인 외주는 그 사용 방법에 따라 발주 기업에 커다란 전력이 될 수 있는데, 그러기 위해서는 적절한 관리가 필요하다.

① **외주의 요건**

외주의 요건으로 '자사의 기술, 생산능력의 부족분을 보충하고, 요구 품질을 만족시키고, 비용 효율이 좋을 것'을 들고 있다. 즉, 외부로부터 조달하는 원재료나 부품 등의 QCD관리나 생산 기능을 보완하는 것이 외주 관리의 목적이다.

② 외주 관리의 대상

외주 관리의 대상은 외부로부터 조달하는 원재료나, 부품 등에 대한 QCD관리, 자사의 생산 기능을 보완하는 관리 이 두 가지로 나룰 수 있다.

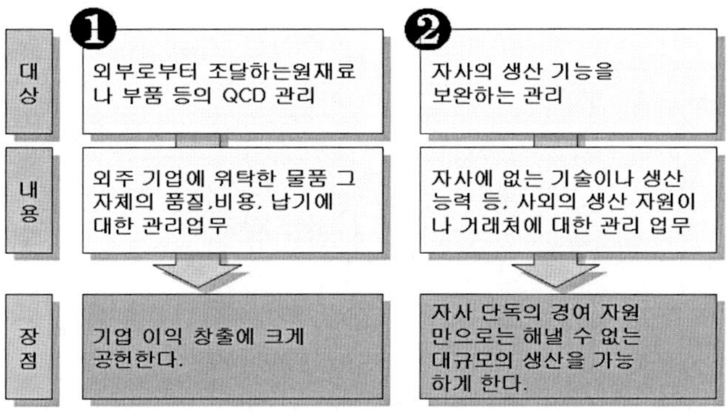

(4) 외주 관리의 목적

외주관리의 목적으로는

- 원재료, 부품 등을 외부에서 안정적으로 조달하기 위해
- 요구품질을 만족시키기 위해
- 자체 생산·외주 생산의 최적 분담으로 비용 효율을 높이기 위해
- 자사의 기술, 생산 능력의 부족분을 보충하기 위해

등을 들 수 있다. 즉, 외주관리는 외주를 이용하는 목적을 최대

한 효과적으로 달성하게 함으로써, 제조업 생산 활동의 일익을 담당한다는 것을 알 수 있다.

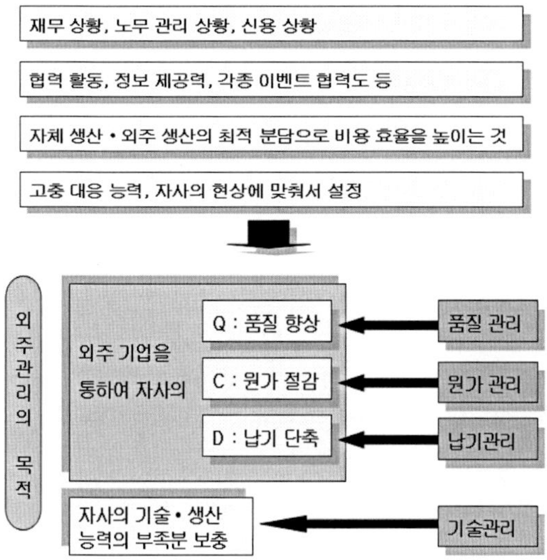

| 그림 4.4 | 외주 관리의 목적

(5) 외주와 구매의 차이점

외주와 구매는 서로 다름을 인식해야 한다. 외주는 자사의 작업의 일부나 전부를 하청기업에 발주측이 제시한 도면과 시방에 의해 납품을 받는 것이고, 일반 재료나 부품처럼 시판되고 있는 것을 매입하는 것을 구매라고 한다. 그러므로 외주의 경우 구매 관리 측면으로 볼 때 공정관리 측면과 이원적인 성격이 있음을 하나의 특징이라고 할 수 있다.

4.1.2 외주 계획

외주공장은 자사공장의 연장으로 되기 때문에 공장의 총체적 생산능력으로서 자사의 보유능력에 외주선의 능력을 종합한 것으로 고려해야 한다. 생산 계획에 있어서도 공수계획의 일환으로 외주계획을 포함하여 종합적으로 입안해 가는 것이 필요하다.

(1) 외주 기본방침과 계획

외주관리는 기업의 경영이념 하에 경영방침, 경영계획의 수립이 필요하다. 이는 경영방침에 따라 구매 방침이나 외주방침이 수립될 것이며 이에 따라 어떠한 품목과 작업공정에 대하여 외주를 할 것인가에 따른 외주기본방침이 수립되어야한다.

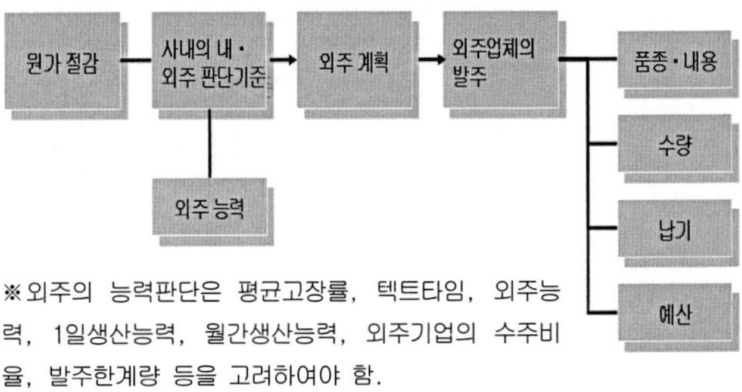

| 그림 4.5 | 외주기본계획

외주기본계획 시 고려할 점은 QCD이며, 계획상 주의할 것은 명확한 계획서 작성과 외주계획의 전개 및 외주능력의 판단으로 본다.

(2) 외주관리의 중요성

자사마다 어느 정도를 외주에 의존하고 있는지 한 마디로 말하기는 어렵다. 그러나 경험적으로는 하나의 자공장 대 10개사 정도 또는 그 이상의 외주처를 보유하고 있는 것이 보통이고 업종별·규모별 등으로 여러 사정에 따라 달라질 것이다.

<표 4.1>에서 '사업소의 평균 외주의존도(%)를 보는 한도로 일반기계, 전기기계, 수송용 기계는 대체적으로 30(%) 전후이다. 매출원가의 30% 또는 그 이하가 외주 비용으로 지불된다는 사실은 그만큼 자기업의 외주에 대한 중요성을 인정하는 것이다. 원가의 1/3에 달하는 비중은 매우 크다고 본다.

〈표 4.1〉 하청기업비율, 하청의존도, 1사업소당 평균 하청기업

업 종	(1) 하청 기업비율 (단위:%)	(2)사업소의 평균 하청 의존도(단위:%)	(3)자기업 1사업소당 평균 하청기업수
철강	66.0	9.3	30.9
비철금속	69.7	8.9	18.9
금속제품	71.7	14.2 (17.5)	30.6
일반기계	75.8	23.7 (30.4)	104.1
전기기계	78.9	23.7 (30.4)	106.5
가정용		28.5	100.8
기타		22.0	108.4
수송용 기계	77.9	26.8 (30.5)	108.4
자동차		27.4	123.1
자동차 부품		30.8	88.1
선박		38.1	119.3
기타		34.4	119.7
정밀기계	71.3	40.9	123.8

4.2 창고관리

(1) 창고관리부문의 활동

창고관리(stock control)부문의 주요한 기능과 임무는 물품을 보관하는 일과 또한 출입고와 그것에 필요한 설비와 방법이 대상이 된다.

(2) 창고관리조직

창고부문에 관련되는 조직은 각 기업마다 특징이 있으며 또한 각 기업에 따라 소재와 위치에 따라 생산·자재·경리와 여러 가지 부문이 결부되는 경우가 있다.

또한 가끔 창고담당 부서가 현품관리 뿐만 아니라 작업장까지의 운반담당을 포함시키는 경우도 있다.

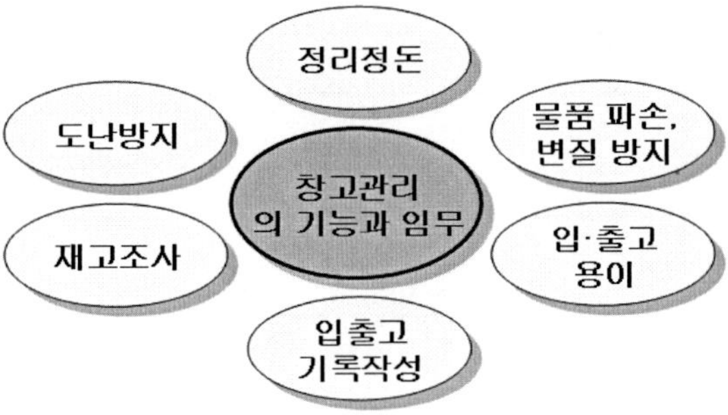

| 그림 4.6 | 창고관리의 기능과 임무

(3) 창고의 자재 취급 규정과 기록

이것은 자재를 보관, 출납취급 책임자와 계원, 입출고의 방법, 기록 작성의 방법에 대해서 일정한 규정을 결정, 재료·착수품·제품에 관한 수령, 보관, 출고시의 발주처, 품명, 부번, 규격, 납기, 수량, 납품장소, 처분처 등에 대해 다음과 같은 업무를 확실히 행하는 것이 필요하다.

- 공장마다 재고량의 품종별 파악
- 발주한 재료와 부품의 종류와 수량 파악
- 각 사용부서로의 처분계획

- 일일, 월말에 재고와 사용량의 기록 정리
- 기록상의 재고량과 실제 재고량과의 대조 확인

(4) 창고의 위치

① 입출고를 위한 거리, 기계설비, 운반기구 및 장래의 공장 확장 등을 고려한 후 입출고 보관에 편리한 위치로 할 것.
② 관리에 완전을 기하고 극력 집약할 것.
③ 중량 · 용적 또는 특정 공장과의 입출고의 횟수와 안전위생 등을 위하여 창고를 분산시키는 경우 지휘, 연락, 감독, 운반계통에 특별한 조처를 해야 한다.
④ 저습지(低濕地), 일음(日陰), 연진(煙塵)이 심한 곳은 피할 것.
⑤ 위험물 창고(기름·폭발물)는 일반 창고나 다른 건물과의 일정거리를 유지할 것.
⑥ 화재, 도난, 수해 등의 예방 및 경계를 위하여 편리한 위치를 선정할 것.

(5) 창고건물의 구조

① 입출고가 편리해야할 것, 창고구획의 기준을 고려한다.
② 재해(화재, 지진, 눈, 수해) 감소, 분실, 누수 등의 방지가 적절해야 한다. 또 채광, 통풍, 방습에 주의할 것.
③ 매연, 악성가스, 먼지 등으로부터 피할 수 있을 것.
④ 사용 면적이 경제적일 것. 적당한 면적과 천정의 높이는 수용물에 대응한 용적을 가지게 할 것.
⑤ 운반기구의 운행이 용이해야할 것.

⑥ 위험물창고는 안전위생규칙 또는 위험물보관수칙에 준거되어 있을 것.

⑦ 이상의 여러 점을 통해서 건축비가 합리적이어야 할 것.

(6) 창고설비

① 운반설비

현품 취급용의 트럭, 포크레인 트럭, 수압차, 트레일러, 트렉터, 콘베어, 슈트, 엘리베이터 등 다양하게 취사선택하여 조치해야 하며 보조구로서 파렛트, 스킷트, 이동사다리도 준비되어 있어야 한다.

② 절단설비

자재의 종류에 따라 출고 시에 소요 치수로 절단하여 출고하는 경우가 있다. 그것을 위한 절단설비가 필요하다. 헨드소, 샤린크머신, 가스절단기 등이 있다. 또한 목재로는 원형자동톱 또는 띠톱, 직물, 용지(用紙) 등의 재단기가 있다.

③ 보관설비

보통 선반(택크)용으로 상자, 받침대, 탱크 등이 있다.

④ 계량설비

대칭, 배율칭, 자동차칙량기, 저울

⑤ 방화설비

저수조, 소화전, 소화기기, 화재경보기, 화학소화제 등

⑥ 조명기구

조명용 창문, 전등, 형광등, 수은등 등이 있다.

(7) 보관

자재나 부품 및 완성품의 보관에 있어서 그 진열방식이나 쌓는 방식은 다음 여러 점에 대해서 고려해야 한다.

① 사용면적을 최대한 경제적으로 사용할 것.
② 자재 출납이 편리해야 할 것.
③ 선입선출이 편리해야 할 것.
④ 숫자 파악이 편리해야 할 것.
⑤ 배치에 융통성이 있어야 할 것.
⑥ 취급에 될 수 있는 한 기계 기구를 사용하지 않아도 되도록 조처할 것.
⑦ 식별검사가 용이할 것.
⑧ 가치가 감소되고 품질이 변색되지 않을 것.
⑨ 위험과 재해 상의 고려를 할 것.

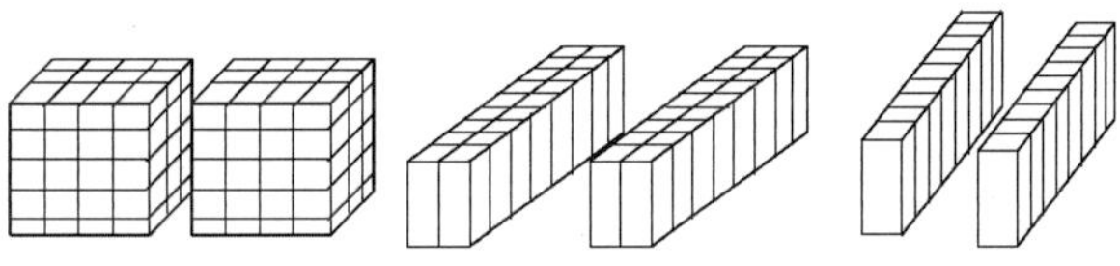

| 그림 4.7 | 직렬법 · 배열의 예

그리고 진열 방식으로 다음과 같은 방법이 있다.

- **입체적 집적법(集積法)**

상자식, 표면식, 병렬식, 단층식, 진열식, 조적법(槽積法)

- **평면적 집적법**

일렬법, 병렬법, 향합법(向合法), 자식(字式), ㄷ자식

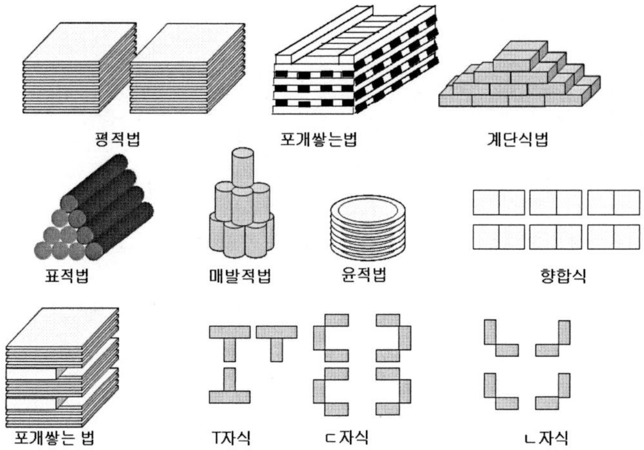

(8) 출고

입출고는 보통 부(部) 이상에서만 출고표 등이 사용되며 출고는 될 수 있는 한 인원을 절약하고 창고면적의 정리정돈의 면에서도 미리 출고시간(예를 들어 오전 · 오후 각 1회, 각각 30분간 등등), 출고장소를 정한 계획적 창고업무의 수행이 바람직하다.<별지 서식 제1호, 2호>

① 선입, 선출법

현품의 변질, 녹 발생, 감소, 손상, 열화 등의 가치저하를 방지하기 위하거나 수량 확인을 위해 먼저 입고된 것부터 출고되는 것이 순서이며 표준이다.

② 이중치장제(二重置場制)

먼저 들어간 것과 뒤에 들어간 것을 구별해 두고 먼저 들어간 것부터 출고하고 그것이 끝난 후 비로소 다음 적재물을 출고하는 방법이다.

③ 순환치장제

입고된 것을 보내는 측과 출고될 것을 놓는 측과 구별해 두는 방법으로 일정한 방향으로 순환한다.

④ 경사식 출고법

입고품이 둥근 파이프제이거나 용기라든지 원통인 경우에 경사위치를 설계하여 입고된 것부터 점차 높은 쪽에 놓고 한 쪽에서부터 출고해 나가는 방법이다.

(9) 재고조사의 실시

창고관리상 가장 중요한 업무는 재고량의 질과 수량에 대해 현품과 대장을 반드시 일치시키는 일로 소모·도난 기타 중복 기입·기입누락·계산차이·입출고 때의 착오를 될 수 있는 한 최대로 방지하기 위해 그 여부를 검사하고 질과 양의 기록을 확실히 하여 자산내용을 건전하게 하는 것이 재고조사의 임무이다.

재고조사 실시는 회계연도 중 최저 1회 이상 행해야 하며 통상적으로 실시하는 재고조사와 매월 말에 하는 장부 상 재고조사 등 크게 두 가지로 분류할 수 있다. 실시로 조사는 단기간 내에 일제히 전 품목에 대해 실제로 조사하는 일이다. 그 실시계획으로는 다음과 같다.

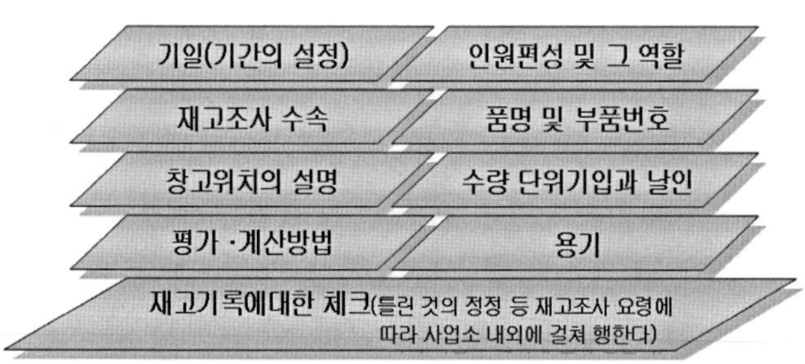

(10) 스페이스 컨트롤

창고의 활용이라는 점에서는 면적의 절약 및 최고의 이용이 중요하다. 오늘날처럼 토지와 건물의 비용이 높아지는 시대에 있어선 이점에 한층 신경을 써서 낭비가 없도록 해야 한다.

스페이스의 활용상 맹점이라고 지적할 수 있는 것은 다음과 같다.

- 스페이스의 입체적 활용의 부족
- 운반설비가 조화되지 않기 때문에 공간의 활용이 나쁘다.
- 공정관리가 불량하므로 함부로 착수품을 많이 만들고 있다.
- 진열대에 마구 쌓기
- 선반활용이 불충분하다.
- 노면의 정비가 부족하다.

스페이스에 대한 계획성이 부족해서 발생되는 충분한 창고기능의 중요성을 인식, 합리적으로 스페이스의 확보와 함께 그 활용을 도모해야 한다.

다음의 표는 창고의 충전을 제시하는 한 예이다.

면적충전효율 = 화물점유면적 / 저장가능면적

체적충전효율 = 화물체적 / 저장가능체적

〈표 4.2〉 충전효율의 평균치

창 고 종 별	면적충전효율	체적충전효율
부품창고	0.16	0.49
자재창고	0.62	0.20
영업창고	0.75	0.56
완제품창고	0.66	0.41
전창고	0.64	0.39

- **창고의 충전효율**

이것은 스페이스가 어느 정도의 비율로 물품에 표시되어 있는가를 제시하는 비율로 다음식과 같다.

(11) 금후 창고관리

지금까지 기업 내에 있어서 창고관리를 중점으로 취급해 왔으나 금후는 MM(Material Management) 말하자면 재고관리, 창고, 수송, 데이터프로세신, 구매, 수령, 발송, 포장, 생산계획, 주문처리, 품질관리 등의 모든 것에 걸쳐서 유기적 관계를 지키는 것과-PD(Physical Distribution)- 유 · 무형의 물재의 공급자부터 수요자에 이르는 실물적인 흐름이고 구체적으로 말하면 포장·하역·수송·보관 및 통신을 말하는- 것이 취급되는 상황에 있고 [그림 4.8] 이것에 따라 창고의 자동화가 다음 순서에 따라 유지되는 것이다.

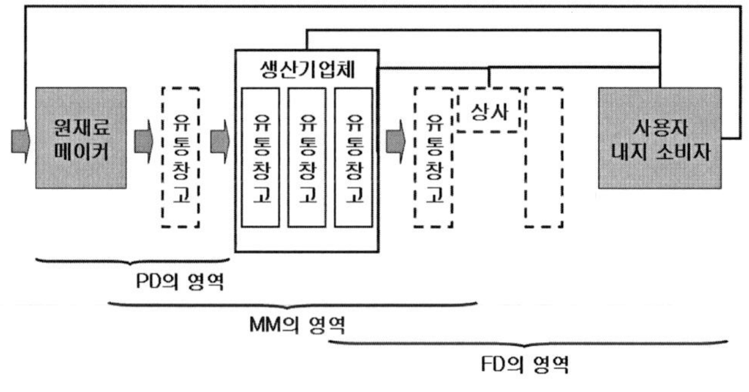

| 그림 4.8 | MM과 PD의 영역과 표시 개념도

- 물품의 자동반송, 자동입출고처리 및 보관
- 재고관리의 합리화
- 높은 품질과 신뢰성, 안전성, 기타 환경향상

- 포장, 묶는 작업의 자동화
- MM내지 PD의 비용절감(경제성의 향상)
- 정보처리의 정확, 신속화
- 구매관리의 과학화
- 고객으로의 서비스 향상
- 성력화
- 격납 효율향상
- 부지의 유효이용

현재까지는 생산기업체의 단순한 창고관리였으나 금후부터는 물적 유통의 입장에서 생각하지 않으면 안 될 것이다.

<별지 제 1호 서식>

No.____________

부품출고표

생산예정일 년 월 일 생산과____________

번호	제품 번호		출고 월/일		롯트 번호		생산 수량	

출고 직장											
	110 프레스	120 용접	130 고주파	140 도장	160 시작	170 기타					390 기연
	341 조립1	342 조립2	343 조립3	344 필터	351 클러	352 클러	381 에레멘트	382 에레멘트	383 에레멘트	484 에레멘트	391 개발과

부품번호	부품명	단위	출고수	부족수	가공구분	비고

날인란	작성자인		계장검인	보급반인	출고자인	운반자인	부품수령인	카텍스인

경로일정-보급-카덱스-경리부

<별지 제 2호 서식>

No.____________ 대품(부족품)출고표

	제품코드
제품번호	
로트수량	
로트번호	

년 월 일발행

코드	

하기부품에 [사용불능 / 이품혼입 / 출고수부족] 에 의해 [대품 / 부족품] 을 출고해 주십시오.

불출 월일	번호부품	품명	출고수량	대품수	이유	불량이유	단가	금액

날인란		잔고표 기입자		부품 수령인	재고 기입자	계장검인		작성자인

<별지 제 3호 서식>

입 고 증		① 창 고 책 임 자		② 물 품 출 납 공 무 원		③ 물 품 관 리 관	④ 증 빙 서 번 호
⑤ 구 입 처	⑥ 수 령 기 관	⑦ 관련납품 지 시 서	⑧ 관 련 계약번호	⑨ 요구번호	회 계 명	계 정 과 목	예 산 과 목

순 위	정부물품 분류번호	품 명	규격	단 위	요 구 량	입 고 (수 입)			비 고
						수 량	단 가	금 액	

특기사항		납 기 일 자	수 입 일 자	관련대장 기 입	수 입 증 빙 서	
					청 구 서 등 록 부	

<별지 제 4호 서식>

재고 위치 현황표

담당	부서장	임원	사장

작성년월일	○○○○년 ○○월 ○○일 현재		
수행일자	상태	재고위치	점검

<별지 제 5호 서식>

재 고 조 사 표

조사일 : 보관장소 :

제품번호	자산구분 (명칭)	규격	수량	단가	금액	과부족		재평가			
						수량	금액	기준	수량	단가	금액

◇ 재고조사는 가능하면 매월 실시하는 것이 바람직하다. 또한 실제로 조사하는 사람과 계산하는 사람은 별도로 두는 것이 좋다.

◇ 과부족이란, 장부상 잔액과의 차이이다.

◇ 재평가는 임원 입회 아래 전체 회사에 공통되는 재평가 기준에 의해 해야 한다. 또한 재고조사원표는 세무상, 일정기간 보존하게 되어 있으므로 유의해야 한다.

◇ 이 양식은 모든 재고자산에 공통적으로 사용할 수 있다. 가능하면 자산별로 용지를 바꾸는 것이 무난하다.

<별지 제 6호 서식>

창고 업무일지

○○○○년 ○○월 ○○일

<table>
<tr><th>창고업무 계획</th><th colspan="2">실 행 <구체적></th><th>변동. 추가사항</th></tr>
<tr><td></td><td colspan="2"></td><td></td></tr>
<tr><td>반 입</td><td colspan="3"></td></tr>
<tr><td>반 출</td><td colspan="3"></td></tr>
<tr><td>입 금</td><td colspan="3"></td></tr>
</table>

<별지 제 7호 서식>

창고 자재 현황

품 명	규 격	수 량	품 명	규 격	수 량

중소기업을 위한 구매 및 자재관리

최신 자재관리

요점 정리

1 자재 관리 일반

- 생산의 3요소(사람, 기계, 재료)로 꼽히고 있는 자재는 생산시스템에 투입되어 그것으로부터 결국 생산물인 제품으로 변형되어 나온다. 따라서 생산 대상물인 자재 없이는 생산시스템은 거의 존재할 수 없다.
- 자재관리란 적량·적질의 자재를 인가로 구입 내지 획득하여 이를 필요로 하는 부서에 적기에 조달토록 하는 기능을 말한다.
- 자재 관리의 중요성은 기본적 중요성과 현실적 중요성으로 나눌 수 있다. 기본적 중요성은 진리의 중요성, 품질면의 중요성, 수명의 중요성, 사회적 중요성이 있고, 현실적 측면에서 중요성을 살펴보면 원가의 중요성, 시간의 중요성, 양적 중요성으로 볼 수 있다.
- 자재 관리의 기능은 기본적 기능(1차 관리기능)으로 품질 관리(구입품의 수입검사, 구매 시방서, 구매 시기, 우량 외주선 선정 등), 원가 관리(재료비의 원가 절감 방법 등의 검토)가 있고,부수적 기능(2차 관리기능)으로 재고 관리, 현품 관리, 구매활동 등이 있다.
- 적절한 자재 관리를 위해서는
  - 자재의 유입을 합리화하고, 또한 단가를 인하시켜 전체에 자재비를 유리하게 한다.
  - 자재의 사용효율을 높이고 소모량을 감소시킬 것.
  - 표준저장량을 설정하고, 상하 저축량을 결정하여 초과투자를 억제하고 동시에 생산에 지장이 없도록 해야 한다.
- 자재 관리담당자의 역할로는 생산에 필요한 자재소요량 산출, 일정기간별 자재수급계획의 수립, 구매물량의 발주 및 협력업체 평가, 자재구매 요청서의 작성 등이 있다.

- 자재 관리의 인적 문제로는 사무계와 기술계인력의 확보, 자질문제, 윤리적 문제, 순환 문제 등이 있다.
- 과거 자재 관리는 사무 처리를 주 업무로 하였으나 공학적 요소나 기술적 요소를 편입함으로써 기술계 인력에서 적재의 사람을 구할 수 없는 현상이 난관으로 되어 있다.
- 자재 관리 중에는 구매나 외주가 있어 다른 기업 사람과 접촉하는 경우가 많으므로 내부와 외부와의 대인관계가 많아진다. 따라서 소위 대인관계가 원만한 사람이 요구된다.
- 자재 관리의 물적 문제로는 물량, 수명과 품질 문제,자재의 혁신성 문제, 기업의 운영이념과 생산상의 합치성 문제를 들 수 있다.
- 자재 관리의 자금적 문제로는 소요자재를 구매하는 자금 문제, 자금 효율의 문제, 금리(이자) 문제 등이 있다.
- 자재 관리의 일반적인 운영사의 문제로는 자재의 재생과 활용 문제, 성 (省)자재 문제, 원가 문제, 시간적 감각의 문제, 물적 유통과의 관련 문제, 인간성 존중과 이윤추구의 문제 등이 있다.
- 자재 관리의 전개는 단순한 자재관리-종합자재관리-자재관리시스템-시스템자재관리로 오늘날 다양한 모습으로 진전되어 왔다.
- 자재계획은 자재 관리의 시발로서 생산계획에 따른 자재 소비량의 산출, 자재구매량의 결정 및 주요자재의 처분계획에 이르기까지의 일련의 계획을 말한다.
- 자재계획 방침의 수립은 먼저 원재료, 반제품 및 제품(완성품)에 대하여 수립할 필요가 있다.
- 자재계획 수립에서 원재료는 공통적으로 사용빈도가 높기 때문에 자재분류중 '준비방법에 의한 분류'의 기준에 의하여 일정한 수준

의 상비자재를 가지는 것이 좋다. 상비자재의 종류로는 창고상비자재, 분창고상비자재, 비상비 자재로 분류할 수 있다.

- 자재 분류는 급증하는 자재품목의 수를 제한하는 수단으로서 근본적인 증가 요인의 정비를 위하여 바람직한 자재 분류제도를 확립해 나가야 한다.
- 자재는 각기 다른 개개의 자재로 구성되어 있기 때문에 한 묶음으로 묶어서 관리 한다는 것은 대단히 비합리적이다. 따라서 더 간편하고 효과적으로 관리하기 위해서는 그 많은 종류의 자재를 합리적인 기준을 설정하여 취급자재를 몇 가지 종류로 분류하여 기업의 성격과 실정에 알맞은 임의의 약속된 부호로 기록화 할 필요가 있다.
- 자재 분류의 체계는 국가적 표준화와 사내 표준화로 구성되어야 한다. 국가적 표준화는 국제적 표준의 기초가 되는 것이고, 사내표준화의 기초적인 사내규격은 국가적 표준화의 기초인 국가규격을 정하는 가장 기초적이고 귀중한 재료가 되는 것이다.
- 자재 분류제도의 개선을 위해서는 점진성, 포괄성, 상호배제성, 용이성 이 4가지 원칙을 준수할 필요가 있다.
- 자재 분류의 방법에는 행정관리 목적상의 분류, 규격에 의한 분류, 정비구분상의 분류, 계정책임상의 분류, 기능상의 분류, 원가 계산상의 분류, 준비방법에 의한 분류, 상태에 의한 분류, 재질에 의한 분류, 저장방법에 의한 분류 등이 있다.
- 자재 분류번호의 부여목적은 모든 자재의 표준화, 규격화를 전제로 하여 이들보다 간소화된 방법으로 표식 하여 생산 유통, 분배, 소비 과정에서 상호간에 의사소통을 용이하게 하고 자료처리의 능률화를 올리는데 있다. 따라서 자재번호는 간결하면서도 구체적인 내용이 포괄되어야 할 것이다.

- 자재번호의 구성은 대개 자재의 성격, 자재의 질을 나타내는 **대분류**, 기능적 특성, 용도별 특성을 나타내는 **중분류**, 규격순위, 공정순위를 표시하는 **소분류**로 이루어 진다.
- **자재 분류번호의 부여순서**는 첫째, 분류기준을 설정하고 둘째, 취급품목의 명세표를 작성하고 셋째, 자료카드를 작성하는 것이다

2 자재소요계획

- 재고 품목은 독립수요품목과 종속수요품목으로 구분된다. **독립수요(independent demand)**란 독자적으로 발생하는 수요이며, **종속수요(dependent demand)**는 다른 품목(상위품목)의 수요로부터 유발되는 수요이다.
- 독립수요와 종속수요는 그 성격이 다르다. 대체로 **독립수요는 연속적이지만 종속수요는 간헐적, 이산적 또는 덩어리모양**이라 표현된다.
- 독립수요와 종족수요는 성격이 다르므로 관리 방법도 달리 해야 한다.

  - 독립수요 : 계속적인 재고 보유, 안전재고 필요
  - 종족수요 : **생산기간 중에만 재고 보유, 안전재고는 필요 없거나 소량 보유**
- **MRP**란 MRP시스템은 생산활동에 소요되는 자재를 원활히 공급하기 위한 자재의 생산/발주계획(MRP계획)을 결정하는 시스템으로, 기존의 평균재고의 개념으로 시도되고 있는 재고관리기법에서 야기되는 **과잉재고와 재고부족현상을 없애 재고비용을 극소화**한다는데 이 기법의 특징이 있다
- MRP는 납품시기와 납품량을 전제로 하고 이 제품의 생산에 있어

자재가 언제 얼마만큼 준비되어야 하는가를 결정하여 원료와 제품의 현 재고를 필요한 때 꼭 필요한 만큼 갖게 하는 것을 목적으로 하는 것이다.

- **EOQ-ROP**는 과거의 사용실적에 의한 역사적 수요 자료를 기초로 하는 계측적인 방법에 따르는 반면, **MRP**는 제품을 형성하는 구성품 상호간의 관계를 제품의 대일정계획(master schedule)을 토대로 논리적인 방법에 따른다.
- MRP가 갖는 관리상의 장점으로는 상황변화에 따른 신속한 자재계획, 생산소요시간의 단축, 사전납기통제, 장기적 관리체계를 확립하기 위한 기초 등이 있다.
- MRP는 기계에 의한 제품의 조립공정 어느 경우에나 사용될 수 있는데, 특히, 생산과정이 복잡하고, 여러 조립단계를 거치는 제품, 제품원가가 높은 경우, 원료구입을 위한 소요시간이 길 때, 소요자재를 일괄적으로 계획함으로써 경제적 주문량을 결정할 수 있을 때와 같은 여건에서 효과를 달성할 수 있다.
- **타임페이징(time phasing)**이란 자재소요가 결정되면 다음에는 자재발주(발주량, 발주시점)를 결정한다. 발주량은 소요량에서 이미 보유하고 있는 재고량과 입고예정량을 빼서 얻는다. 재고량과 입고예정량은 재고기록파일에서 알 수 있다. 한편 자재의 발주시점은 최종제품의 완성시점부터 역산하여 도출한다. 먼저 자재의 소요시점을 도출하고 소요시점에서 자재의 생산/구매에 소요되는 시간, 즉 리드타임을 차감하여 발주시점을 결정하는 것이다.
- MRP시스템의 주된 투입정보로는 주일정계획파일, 자재명세파일, 재고기록파일의 세 가지를 사용한다. 이들 파일에는 각각 최종품목의 소요(생산계획), 구성품의 리스트(제품구조), 재고현황과 리드타

임에 관한 정보가 포함되어 있다.

- 주일정계획은 최종제품의 생산계획으로서 최종제품이 언제 얼마가 생산되어야 하는가를 보여주며, 단순한 수요예측이나 판매예측과는 달리 실천을 전제로 한 계획이다.
- 자재명세파일(BOM)은 최종제품의 구조와 자재수요를 기록한 것으로 일명 제품구조파일이라고도 한다. 즉, 최종제품 한 단위를 생산하는데 소요되는 모든 구성품의 결합형태(모자관계)와 소요량이 표시된다.
- 재고기록파일은 품목별로 작성되며 해당 품목의 재고상태에 관한 정보가 수록된다. 주요내용은 품목의 총 소요, 예정된 입고, 보유재고, 발주예정 등이며 그 외에 공급자, 리드타임, 로트사이즈, 안전재고 및 재고변동사항 등이 기록된다.
- MRP는 일정한 처리과정을 거치게 되는데 구체적으로 살펴보면 총 소요의 결정-예정입고 결정-보유재고 결정-순 소요 결정-계획주문입고 결정-계획주문발주 결정을 통해 구성품의 발주량과 발주일정을 표시한 MRP계획을 출력한다.
- MRP의 처리결과로 출력되는 자재소요계획(MRP기록표)을 원천으로 하여 여러 가지 보고(정보)가 출력될 수 있다. 여기에는 계획주문, 주문발주, 변동사항 보고와 같은 필수적인 성격의 주요보고와 보조적 성격으로 성과통제보고, 계획자료보고, 예외사항보고인 부차적 보고로 구분할 수 있다.
- MRP운용상의 주요문제로는 로트사이즈의 결정, 불확실성과 안전재고, 재생적시스템과 순변동시스템, 능력소요계획 등이 있다.
- 수요가 안정된 독립수요품목은 EOQ나 EPQ를 사용하여 최적로트사이즈(발주량)를 발견할 수 있다. 그러나 종속수요품목인 자재는

최적기법이 따로 존재하지 않아 각종 기법이 다양하게 사용되고 있다. 종조 수요품목의 로트사이즈 결정기법으로는 <u>대응발주법, 기간발주법, 부품기간법, 경제적 발주방법, 고정발주방법</u> 등이 있다.

- 수요/공급의 불확실성과 재고 품절에 대비하기 위하여 MRP에서는 안전재고, 안전리드타임, 리드타임관리 등의 방법이 이용되고 있으나 이것은 단기적인 미봉책일 뿐이다. 이와 같은 <u>광범위한 문제의 근원적 해결을 위해서는 JIT생산이나 총체적 품질경영(TQM)과 같은 개혁시스템의 도입</u>이 도움이 될 것이다.
- 예정된 주일정계획(MPS)과 MRP계획을 뒷받침할 수 있는 생산능력의 유무를 검토하고 그에 따른 필요한 조치를 취하는 계획 활동을 능력소요계획(CRP)이라 한다.
- 종족수요품목의 관리 시스템으로서 MRP의 장점은 <u>자재소요의 정확한 예측, 생산능력계획과의 연계성, 구매/생산 활동의 현황 파악, 고도의 동태성과 신축성</u>을 들 수 있다.
- <u>**MRP의 문제점**</u>으로는

  - 자재소요를 우선적으로 고려하고 생산능력은 후에 고려한다.
  - 리드타임은 고정된 것으로 취급된다
  - 현황파악, 기록, 보고 등의 잡무가 많아 번거롭다.
  - MRP의 효과로는 <u>고객서비스의 향상, 재고의 감축, 생산원가 절감</u> 등이 있다.

3 구매기능

- 제조업체가 생산 활동이나 영업활동에 필요한 설비나 원재료, 부품 등의 자재를 조달하거나 유통업체로부터 판매하기 위한 물품을 구

입하는 등의 조달활동을 구매라고 한다.

- 구입품의 분류
  - **형상에 따른 분류** : 원재료, 반제품, 완성구입품 등
  - **조달방법에 의한 분류**
    - · 조달처에 의한 분류 : 표준 구입품, 외주품, 자체 생산품
    - · 재고방식에 의한 분류 : 상비품, 비상비품 등
    - · 원가 비용에 의한 분류 : 주재료, 보조재료
    - · 기타 : 지급품, 자급품
- 구매방법에는 **당용구매, 장기계약구매, 일괄구매, 투기구매, 대량구매, 시장구매, 계획구매** 등이 있다.
- **구매 관리**란 기업이 생산 계획을 달성하기 위해, 해당 부문이 요구하는 QCD(품질, 수량, 비용, 납기)를 만족시키는 자재를 적절한 거래처로부터 필요한 수량만큼 입수하기 위한 관리 활동이다.
- 구매 관리 합리화의 기술적 방안으로 구매업무의 **표준화, 단순화, 전문화**가 이루어져야 한다.
- 집중구매제도의 장점으로는 구매부문의 **구매활동에 책임감 증대, 품질관리 용이, 재료나 부품의 손실 최소화, 구매기능의 향상. 구입품의 표준화 용이, 구매부문의 인원 절감** 등이 있다.
- 분산구매제도의 장점으로는 **타 부서와의 협조/의사전달 용이, 고객에 대한 반응 속도 상승, 부서별 자율성, 보고체계 단순화, 권한과 책임의 통합, 지리적, 문화, 환경과의 의사소통용이** 등을 들 수 있다.
- **구매 방침 매뉴얼의 주요 이점**은 동일한 사태가 발생될 경우 마다 협의를 하지 않아도 된다. 또 기록은 방침이 이해하기 쉽고 결정이나 행동에 모순을 낳게 할 일도 없기 때문에 부문의 책임자 생각대로 실행에 옮길 수 있는 것이다. 또한 승인을 받은 부문의 책임자

생각대로 실행에 옮길 수 있는 것이다. 또한 승인을 받은 방침은 거기에 따라서 행하는 모든 활동에 권한을 준다.

- 소액발주 문제를 최소화할 수 있는 여러 가지 방안으로 **중앙집중자재창고시스템, 포괄발주시스템, 시스템 계약, MRP(자재소요계획)연계 단가계약, 전화/팩스 발주 시스템, 소액현금과 COD, 구매 신용카드, 거래처 재고보유/위탁 시스템 등이 있다.**

- **초기 유동 관리 실시에서 유의할 점은**

  - 생산 준비 단계에서부터 관련 부문이 참여케 할 것.
  - 활동은 제조 부문에만 맡겨 놓지 말 것.
  - 초기 유동 관리의 해제 기준을 명확히 할 것.
  - 관련 부문과 정기 연락회를 열어서, 조기 해제를 위한 방책을 구할 것.

- 불합격품 식별 후 발주업체의 체계적관리가 필요하다. 관리사항으로는 **부적합에 대한 처지 내용의 기록, 처치된 현품의 기록을 관리하고, 거래처로부터의 부적합품의 적절한 처치 여부의 보고, 재발방지에 대한 대책 보고를 받도록 해야 한다**.

4 보관기능

- **외주**란 발주 측 기업이 자사의 특정 제품이나 부품의 일부 또는 전부를 거래처에게 제조 위탁하는 것을 말한다.

- 외주는 **제품의 완성도(어디까지 맡길까)**와 **분업 형태(외주업체와의 관계)**에 따라 여러 가지로 분류할 수 있다.

  - 제품의 완성도

· 제품 : 전 외주, 부분 외주, 유니트 외주
· 부품 : 일괄 외주, 공정 외주, 반제품 외주
- 분업형태
· 수직 분업 : 사내 외주, 하청, 내직, OEM, 파블레스
· 수평 분업 : 아웃소싱, EMS

- 창고관리란 부품이나 제품 등의 물품을 일시적으로 맡아 적정한 상태로 보관하고 필요에 따라 적시에 출고하는 데까지 관리 하는 것으로, 보관량을 적절히 변동시켜 출고 요구의 변동을 흡수해 주는 역할을 한다.

- 창고관리의 기능과 임무로는 정리정돈, 물품 파손/변질 방지. 입출고 용이, 입출고 기록 작성, 재고조사. 도난방지 등이 있다.

- 창고의 자재 취급 규정과 기록에 있어서 품종별 재고량 파악, 발주한 재료와 부품의 종류와 수량 파악, 각 사용부서로의 처분계획, 일일/월말 재고와 사용량의 기록 정리 와 같은 업무를 확실히 행하는 것이 필요하다.

- 창고의 위치로는 입출고를 위한 거리, 장래의 공장 확장 등을 고려, 저습지, 일음, 연진이 심한 곳을 피하고, 위험물 창고는 다른 거물과 일정거리를 유지한다. 화재, 도난, 수해 등의 예방 및 경계를 위하여 편리한 위치를 선정해야 한다.

- 창고건물의 구조는 입출고가 편리하고, 사용 면적이 경제적이어야 하고, 적당한 면적과 천정의 높이는 수용물에 대응한 용적을 가져야한다. 또한 운반기구의 운행이 용이해야 한다. 이상의 여러 점을 통해서 건축비가 합리적이어야 한다.

- 자재 보관시 진열방식으로는 상자식, 표면식, 병렬식, 단층식, 진열식, 조적법등의 입체적 진열방식과 일렬법, 병렬법, 향합법, 자식, 등의 평면적 진열방식이 있다.

- 출고법에는 선입, 선출법, 이중치장제, 순환치장제, 경사식 출고법이 있다.
- 창고관리상 가장 중요한 업무는 현품과 대장을 반드시 일치시키는 일로 소모·도난 기타 중복 기입·기입누락·계산차이·입출고 때의 착오를 될 수 있는 한 최대로 방지하기 위해 그 여부를 검사하고 질과 양의 기록을 확실히 하여 자산내용을 건전하게 하는 것이 재고조사의 임무이다.
- 재고조사 실시는 회계연도 중 최저 1회 이상 행해야 하며 통상적으로 실시하는 재고조사와 매월 말에 하는 장부 상 재고조사 등 크게 두 가지로 분류할 수 있다. 실시로 조사는 단기간 내에 일제히 전 품목에 대해 실제로 조사하는 일이다.
- 스페이스의 활용상 맹점으로는 입체적 활용의 부족, 운반설비가 부조화로 인한 공간의 비효율적 활용, 진열대에 무분별한 적재, 선반 활용의 불충분, 노면의 정비 부족 등이 있다.

참고문헌

1. 강금식, 「생산·운영관리」, 박영사, 2000.
2. 고정웅, 「자재관리」, 형설출판사, 2000.
3. 박운성, 「현대구매관리」, 개정판, 박영사, 2005.
4. 송재명, 「자재관리」, 한울출판사, 2000.
5. 스가마 쇼지, 「돈 잘 버는 회사들이 선택한 구매 관리 테크닉」, 비즈니스맵, 2005.
6. 이종철, 「자재관리론」, 도서출판 글로벌, 2004.
7. 이철근, 「구매관리」, 갑진출판사, 2001.
8. 이철근, 「외주관리실무」, 법경출판사, 1991.
9. 임석현 · 최종열 · 김창대, 「생산·운영관리」, 삼영사, 2003.
10. 혼마이 쿠오카 외 2인, 「경영의 기본 자재관리」, 갑진출판사, 2006.
11. Berry, W.L. and D.C. Whybark, "Research perspectives for Materials Requirements planning System," Production and Inventory Management, Vol. 16, No. 2, 1975.
12. Brown, R.G., Decision Rules for Inventory Management, N.Y : Holt, Rinehart & Winston, 1967.
13. Buff, E.S., Modern Production/Operations Management, 7/ed, John Wiley Sons. Inc, 1983.

찾아보기

저자 약력

이영찬(李永贊)

•약 력•

서강대학교 경영대학 경영학과 졸업
서강대학교 대학원 경영학 석사 (경영과학 전공)
서강대학교 대학원 경영학 박사 (경영과학 전공)
서강대학교 경영학연구원 경영연구소 상임연구원 역임
서강대학교 대우교수 역임
(현) 동국대학교 전자상거래학과 교수

•주요논문 및 저서•

"Application of Support Vector Machines to Corporate Credit Rating Prediction," ESwA, 32(1), 2007.
"Measuring Knowledge Management Performance: Structural Approach," HFEM, 17(1), 2006.
"Timed Net with Choice Probability and Its Minimum Cycle Time," ESwA, 31(2), 2006.
"Bankruptcy Prediction Using Support Vector Machine with Optimal Choice of Kernel Function Parameters," ESwA, 28(4), 2005.
「전자상거래에서의 선점효과에 관한 새로운 접근과 분석」, 한국학술정보, 2006.
외 다수

조영석(曺永錫)

•약 력•

서강대학교 문과대학 철학과 졸업
한국 후지쯔 (주) Systems Analyst
미국 루이지애나 주립대학교 Computer Analyst
미국 루이지애나 주립대학교 정보학 석사
미국 루이지애나 주립대학교 컴퓨터학 박사
미국 버지니아 Tech 방문교수
(현) 동국대학교 컴퓨터·멀티미디어학과 교수

•주요논문 및 저서•

「중소기업 ERP 컨설팅 보고서」, 중소기업청, 2001.
"객체 지향 소프트웨어의 상속 깊이의 최소화 알고리즘," 소프트웨어공학연구회지, 1998.
"객체 지향 소프트웨어의 다형성 제거 알고리즘," '98 가을 학술발표논문집, 한국정보과학회, 1998.
"Integrating Multi-Phase Software for Reuse," JSI, 6, 1996.

정가 9,000원

중소기업을 위한 구매 및 자재관리

최신 자재관리

2006년 11월 20일 초판 인쇄
2006년 11월 29일 초판 발행
공저자 : 이 영 찬 · 조 영 석
발행자 : 이 연 우 · 우 명 찬
발행처 : 홍 릉 과 학 출 판 사
주　소 : 서울시 강북구 수유5동 455-60
142-885
등　록 : 1976년 10월 21일 제5-66호
전　화 : 999-2274～5, 996-8341, 903-7037
팩　스 : 905-6729
e-mail : hongpub@hongpub.co.kr
http://www.hongpub.co.kr

저자와의
협의하에
인지생략